十　年

（一）

徐小明　著

地震出版社
Seismological Press

图书在版编目(CIP)数据

十年. 1 / 徐小明著. —北京：地震出版社，2019.10

ISBN 978-7-5028-5042-5

Ⅰ.①十… Ⅱ.①徐… Ⅲ.①股票投资–基本知识

Ⅳ.①F830.91

中国版本图书馆 CIP 数据核字(2019)第 036832 号

地震版　XM4358

十年(一)

徐小明　著
责任编辑：吴桂洪　王凡娥
责任校对：凌　樱

出版发行：**地震出版社**

北京市海淀区民族大学南路 9 号　　　　　邮编：100081
　发行部：68423031　68467993　　　　传真：88421706
　门市部：68467991　　　　　　　　　传真：68467991
　总编室：68462709　68423029　　　　传真：68455221
　证券图书事业部：68426052　68470332
　http://seismologicalpress.com
　E-mail：zqbj68426052@163.com

经销：全国各地新华书店
印刷：廊坊市华北石油华星印务有限公司

版(印)次：2019 年 10 月第一版　2019 年 10 月第一次印刷
开本：787×1092　1/16
字数：198 千字
印张：17
书号：ISBN 978-7-5028-5042-5/F(5758)
定价：50.00 元

序

致《十年》的读者朋友

这是本书全部完成之后写的序言，起初我只是有个简单的想法，因为我知道自己曾经写过很多有深度思想的文章，有些文章大家看过有些没有看过，时间把它们淹没了。

人类文明流传至今，唯艺术、科学、宗教源远流长。它们分别代表了现象、数学和哲学，我在之前一共写了两本书，分别是《盘口》和《数字化定量分析》。这两本书一个代表现象，一个代表数学。我一直希望自己将来能写一本关于交易领域哲学的书，但哲学太大了，我不敢奢谈哲学。

本书是关于交易思想的，之所以在本书全部完成之后才写序言，是因为我自己也想对本书有一个相对客观的评价。

前两本书当年在证券类的销量都是全国冠军，但《盘口》这本书的销量是远大于《数字化定量分析》的，我知道方法类的书在这个领域是最受欢迎的。而关于思想类的书在整个市场里也很少见，所以本书并不是为了追求销量而写。这让我想起来关于自由的一个评论：自由，不是你想做什么就做什么，而是你想不做什么就不做什么。本书不为出名也不为销量，而是写给真正懂得它的价值的人的。

交易是一个过程，很多人对这句话不是很理解，但我深知这句话的份量。虽然我也常提示大家不要用吃快餐的方式来看我写的内容，交易是一个过程，前后是有联系的。如果你连续地看我写的文章，你应该可以体会到我在说些什么。

本书用时间的维度，将当时的行情以及关于对行情的思考，逻辑推理过程，采用哪种交易方法，操作前、操作中和操作后的应对，记录了十年的行情起伏和应对过程。这些比单讲某个方法更全面，比单讲某个案例更真实，因为这就是我面对中国股市这十年的切实经历。它被时间记录了下来，当时间把它淹没了的时候，也给了它时间的沉淀。

如今我透过时间的沉淀，把其中精华的部分再次提取出来，并将这些文章里我认为应该进行深入思考的内容用加重的字体标注成重点，并在每一篇文章之后都加了作者点评：有的是我当初思考的方式，有的是为什么这么写的原因，有的是其后的市场表现，还有一些是由此引发的其他思考。

如果是文章原来就有的图，我就用原配图。为了准确表达当时的意图让读者更好理解，后期我又做了一些配图，但标注了这是后配图。所以，即便是一直看我写文章的铁杆粉丝，当你重读这些文章的时候，也会感觉有很大的不同。你会更深入地理解，交易是一个过程这句话；你会更深入地理解，为什么交易分为了三个层次：现象、数学和哲学；你会更深入地理解……

十年里这个世界的变化很大，从博客到微博，再到微信公众号；从电脑时代到手机时代。我很高兴在这变化的十年里，有些是自己始终坚持不变的，我也很高兴这十年自己十分清楚在坚持着什么。岁月也许在我的脸上留下了痕迹，但十年过后却让我对坚持的方向更加坚定。在十年里我曾经多次公开说过："我要坚强不被任何事情所打扰，我要十年磨一剑。"到十年后的今天，我认为自己做到了。

十年前的我，也许会给本书起名字叫《十年一剑》，但经过了十年的时间，我更喜欢的是重剑无锋，所以本书的名字叫做《十年》。

徐…明

2019 年 5 月于北京

目　录

2007 年

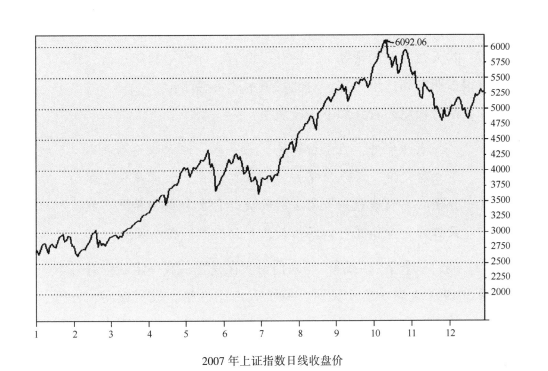

2007 年上证指数日线收盘价

2007 年

2007 年 6 月 22 日

写下第一篇博文

昨天在朋友的帮助下，新开了博客，一大早起床一看，还真有很多朋友到这里做客，对此我表示非常感谢！

留言板里，看到如下一段文字：

> 老师你好，我是新股民。很不幸，昨天我追高买入了大唐发电，买入价格为 44.63 元，今天大唐跌停，十分担心。想请教一下大唐明天会是什么样的走势呢？我又该如何操作呢？如蒙指教，万分感激！在线等！

最后三个字"在线等"，杀伤力实在是强，我一定给你好好看看 601991 大唐。但实话讲，每个人由于性格，投资偏向，分析方法的不同会得出不同的看法，以下仅代表我个人的观点，望对你有所帮助。

大唐的基本面不用多说，最显著的一个特点就是集众多概念于一身，高含权、伦敦第一股、港股第一电力企业、参股金融、新能源。关键是两个字："人气"。

有了人气，就有了龙头气质，大唐无疑是最近市场的龙头股之一。**龙头的特点是：①涨得急；②抗跌性强；③领导能力突出**。所以大唐在近期的暴涨股里(动力源，柳钢，天威保变)是最强的一只，就连下跌也是领跌的，够霸气。

你买的位置，说实话比较高，**翻了一番之后还敢买入，我着**

实佩服你的胆量，关键是现在应该怎样操作。我的建议如下：大唐这几天多半会反复出现在涨跌榜上，如果你在今天早上出，肯定不是一个好主意，估计瞬间跳空下探的杀伤力很强，挺得过这关，会迎来力度比较大的反弹，反弹的高度过这次的最高点概率很小，有一定的难度，所以在反弹的次高位宜减仓。**不要考虑你的成本，因为市场不会因你的成本、你的意志为转移**。该股操作要注意节奏，市场有无形的手。

人在江湖漂，哪有不挨刀，你这次挨了一刀，滋味如何？其实这就是市场，这是正常而又正常的事情，在股市里最难以让人理解的就是这个股市是可以被理解的。

在你的留言中，我能够感受到的是万分焦急的心情。实话讲，在这样的心情下，很难抗得住市场的波动。心随市场波动而波动。

你的股票此刻就成了你无法承受之重了。

以上我的建议，也并非一定正确，但它很客观，至少能够表达一个不曾持仓该股人士的观点，希望对你有所帮助。但就算帮了你这一次，后面还有很长的路需要你自己走，下次怎么办？再次呢？

在股市当中我们最应该追求的是什么？我个人认为是**系统性的交易**。事实证明，成熟的交易者90%的利润是来源于系统。关于怎样构建自己的操作系统，我会在以后的文章里慢慢地把我的想法写出来。今天的工作较多，抱歉了。

希望大家任何时候都能保持冷静，心不乱才能看清市场的本质，语默动静施为，无心自然和道。下面引用一个高手（翰·墨菲）对市场的理解，大家可以感受其交易思想，**站在巨人的肩膀**

上，来汲取他们的智慧。

一个优秀的交易高手的定义应该是，能够连续多年获得稳定持续的复利回报，经年累月地赚钱而不是一朝暴富，常赚而不是大赚，资本市场的高额利润应来源于长期累积低风险下的持续利润的结果，职业交易者只追求最可靠的利润，只有业余低手才只关注利润最大化和满足于短暂的辉煌中，这也是多数人易现辉煌、难有成就的根本原因。

重仓和频繁交易导致成绩巨幅震荡是业余低手的表现，且两者相互作用，互为因果。坚忍、耐心、信心，并顽强执着地积累成功才是职业的交易态度。是否能明确、定量、系统地从根本上必然地限制住你的单次和总的操作风险，是区分赢家和输家的分界点，随后才是天赋、勤奋、运气，赢得尽可能大的成绩，而成绩的取得，其中相当大地取决于市场，即"成事在天"。至于输家再怎么辉煌都只是震荡而已，最终是逃不脱输光的命运。

从主观情绪型交易者质变到客观系统型交易者是长期积累沉淀升华的结果：无意识—意识到—做到—做好—坚持—习惯—融会贯通—忘记—大成。小钱靠技术(聪明)，大钱靠意志(智慧)。长线(智慧)判方向，短线(聪明)找时机。智慧成大业，聪明只果腹。聪明过了头就会丧失智慧(为自作聪明)，所以我们要智慧过人而放弃小聪明(为大智若愚)。这里的意志应理解成为坚持自己的正确理念和有效的方法不动摇。

止损是以一系列小损失取代更大的致命的损失，它不一定是对行情的"否"判断(即止损完成不一定就会朝反方向继续，甚至多数不会，但仅仅为那一次"真的"也有必要坚持，最多只是止损后再介入)，而只是承认超过了自己的风险承受能力，资金的最大损失原则必须严格遵守。至于止损太频繁的损失需要从开仓手数和开仓位、止损位的设置合理性及耐心等待和必要的放弃上去改进。大行情更应轻仓慎加码（因行情大震荡也大，由于贪心盲目加码不仅会在震荡中丧失利润，更会失去方向，从而破坏节奏导致彻底失败）。

仅就单笔和局部而言，正确的方法不一定会有最好的结果，错误的方法也会有偶然的胜利甚至辉煌，但就长远和全部来看，成功必然来自于坚持正确的习惯方法和不断完善的性格修炼。

大自然本身是由少数规律性和多数随机性组成，任何想完全、彻底、精确地把握世界的想法，都是狂妄、无知和愚蠢的表现，追求完美就是其表现形式之一，"谋事在人，成事在天"。于人我们讲是缘分而非最好，于事我们讲究适应，能改变的是自己而非寄予外界提供。利润是风险的产物而非欲望的产物，风险永远是第一位的，是可以自身控制和规避的，但不是逃避，因为任何利润的获得都是承担一定风险才能获取的，只要交易思想正确，对于应该承担的风险我们要从容不迫。

正确分析预测只是成功投资的第一步，成功投资的基础更需要严格的风险管理（仓位管理和止损管理）、严谨的自我心理和情绪控制（宠辱不惊，处惊不变）。心理控制第一，风险管理第二，分析技能重要性最次。必须在交易中克服对资产权益的过度关注或搀杂进个人主观需求原因，从而引发贪婪、恐惧和情绪放大造成战术混乱，战略走样，最终将该做好的事搞砸。

交易在无欲的状态下才能有更多收获，做好该做的而不是最想做的。市场不是你寻求刺激的场所，也不是你的取款机器。任何的事物，对它的定义越严格，它的内涵就越少，实际的可操作性才越强。在我们的交易规则和交易计划的构成和制定中，也必须如此从本质和深处理解与执行，这样才能保证成功率。盯住止损(止盈)，止损(止盈)是自己控制的(谋事在人)；不考虑利润，因为利润是由市场控制的(成事在天)！

后配图(2007062201)

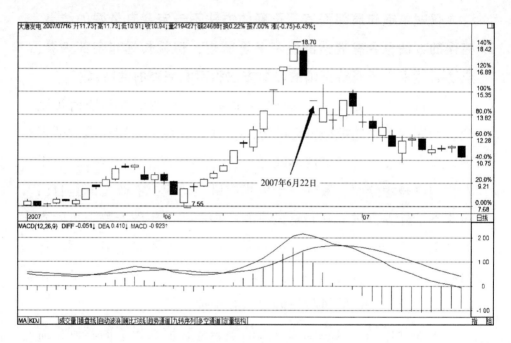

--------- 作者点评 ---------

　　这是我写市场分析类博客的第一篇相对有深度的文章，起因是一个投资者朋友问大唐发电，我看了一下当时的走势：跌停。所以我能感受到这个投资者的急切与焦虑，同时我也意识到一个问题，如果过度关注自己的股票就会失去客观性，你会对股票有期待、有侥幸、有感情，有时候也会成为无法承受之重。十年过去了，时至今日仍有很多投资者都有类似

的问题。

然后，我引用了多数人在交易上易现辉煌难有成就的国际顶尖交易员的话，也给出了一个思想，就是站在巨人的肩膀上来汲取他们的智慧。巨人就是行业的顶尖人士，他们才能称之为巨人，请注意我经历了这些年的了解和认知，一些知名度高的人却并非是巨人。

成功是有共同之处的，当然失败也是这样的。站在巨人的肩膀上，能让自己和巨人拥有同样的视角，学习他们的思考能力，看得更远。

这里是我首次引入系统性交易的概念。

 2007 年 6 月 23 日

复杂的思维会影响交易的决断能力

大盘出现了 6 月 5 日上升以来的最大跌幅，一举补上了 6 月 13 日和 18 日的两个缺口。我们从长期、中期、短期三个级别来看一下上证指数的趋势，我想大多数人都能够看的出来，**长期趋势向上（周线级别），中期趋势初期向下（日线），短期趋势正在向下（小时线）**。

分析不同时间周期市场的方向，是为分析市场里多周期共同作用的结果。如果两个时间周期的作用力方向相反，短期方向以较小周期方向为准，但彼此的作用力都会被消弱，出现缓速的小

周期方向行情。

现在的日线和周线之间的作用就是如此，周线趋势是向上的，日线趋势向下。短期方向以日线为主，即出现调整。但由于两个趋势方向相反，因此彼此作用力会被相互消弱，即日线虽调整但力度不大。

再看中、小周期之间作用力的相互作用，日线趋势向下，小时线趋势也向下。**两个不同时间的作用力相同，彼此的力合二为一，这样就产生了周五的短而急的下跌行情。**

那我们应该如何操作？

仓位重的朋友，仍然要逢高减仓，我实在看不出来不减仓的理由，除非你有勇气打算承受日线级别的调整。

肯定有人会问，如果大盘不是真正调整呢？就是这个"如果"害死人啊，心存侥幸和幻想的，心中的"如果"特别多。

轻仓的朋友，要随时做好再次入市的准备，我个人认为主要的策略如下：如果出现急跌，连续大幅超跌的个股是首选，唯有超跌股的上涨不需要量的配合。如果跨过4335而创出新的高点，投资策略要更偏向于创新高股，牛市中强者会恒强。

至于网友提问的个股，很抱歉不能一一解答。因为，我实在不知道回答了大家是帮了大家还是害了大家，我曾经说过，每个人的性格、投资偏向、受挫能力、分析方法等的不同而会得出不同的结论。

大家都喜欢就自己的个股想听听别人的意见，殊不知听的建议越多，对操作越没有好处。复杂的思维，乱七八糟的意见，只会扰乱你的交易决策。

越是简单的操作思维和方法，实战效果就越好，**天道酬勤**，

而股道至简。

后配图（2007062301）

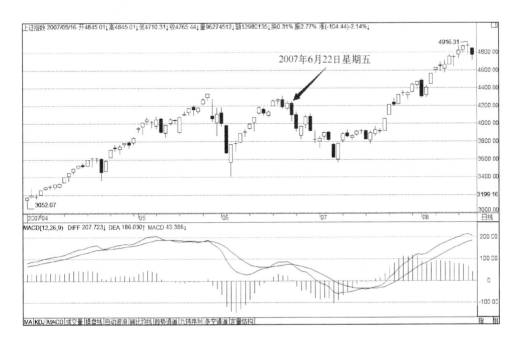

2007年6月22日星期五

——————————— 作者点评 ———————————

这篇文章说了两件事：

1. 多周期重叠对市场的影响。如果大周期和小周期的方向相同，彼此的作用力会被叠加，行情快速而猛烈。很多主升或主跌都是因为大小周期的作用力方向相同的共振效果。如果大周期和小周期的方向相反，彼此的作用力会被相互抵消，请注意方向是按小周期方向，而不是按大周期方向，速度会在消耗下变得慢些。

多周期重叠是市场行情急和缓的根本原因。这是我首次提出多周期重叠对于市场的作用，市场分析直到十年后的今天我都非常重视多周期之间的相互作用对市场走势的影响。

2. 天道酬勤，而股道至简。字面的意思是说，上天会奖励勤劳的人，勤劳就是获得收获的天道。股道却并非如此，你会发现股市里有很多成功的社会精英，他们在生意上和工作中取得了巨大成功，但在交易上却并不如意。

究其原因不难发现，做生意或做工作是考虑的越全面越周到越好，而做交易却是相反的，越简单越是唯一交易的执行力才会越好。这也是首次引入"简单"的概念，但这个词于交易的意义，怎么才能做到真正意义上的简单却并不容易。简单并不等于容易，后来我读《乔布斯传》，知道了在设计领域简洁也并不容易。但这两件事要突出的思想是相同的。

 2007 年 6 月 25 日

从策略的角度谈周二盘中如何操作

经历了今天的大幅下跌后，现在应该如何操作呢？

1. 仓位重的仍然要减，但要先减那些跌幅相对较小的。

2. 仓位轻的准备好资金，提起 12 分的注意，这次的机会是跌出来的。超跌股做反弹，最重要是对比分析，低价股好于高价股，小盘股好于大盘股，而且要注意个股反弹时间的先后次序，来区分能量的集中点的转移节奏。

为什么让大家减仓？主要考虑现在的位置，如果在低位出现调整，我可能更多建议大家持股，但现在是高位，再加上短期上升趋势的破位，这两点就是让大家减仓的原因。

为什么说如果出现急跌，连续大幅超跌的个股是首选？因为**唯有超跌股的上涨不需要量的配合**，大盘是否反弹主要看参与群体的市场承受能力，前几天跌 5 个板的时候，市场已经感受到强烈的不理智下跌，随后而来的就是自然而然的反弹。肯定有人再问，会不会 5 个板之后继续下跌呢？有可能会的，但这种概率有多大？从概率的角度，我们可以一试。

为什么如果跨过 4335 而**创出新的高点，投资策略要更偏向于创新高个股**？这个是思维的问题，创新高至少代表上升趋势还存在，那么这次调整的定性就应该雷同以往的牛市清洗获利浮筹。洗盘的目的是为了拉升，越早出现强势特征的个股，越有表现欲望，大幅上涨的个股多为屡创新高的个股。很多投资者喜欢买没涨的，期待补涨。这在牛市当中的操作策略多少有些保守，**牛市要求发展**，争取利润最大化，而牛市中强者会恒强，但一切策略的基础是创新高。

现在减仓和将来跨过 4335 点，并不冲突！我本人认为将来创新高的可能性更大一些，但仍然要减仓？原因就是我实在看不出不减仓的理由(毕竟行情是高位破位)，我们做股票要有所为有所不为，我们可以错但不心存侥幸和幻想，因为我们在以市场为准则。创新高我们可以再把减的仓加回来，大家一定会觉得这中间有一段利润没有赚到，可大家再想一下，这段利润好赚吗？付出的代价有多大？这段不把握的利润我们放弃了，不要了，行吗？君子不立危墙之下，只有运用谨慎的态度，才能保证我们不犯"原则性"的错误。

　　至于最新的行情操作建议，我周五的直播节目中用的措辞是"痛下决心"这四个字，现在的意见有明显的转暖，为什么？最主要的原因就是今天行情的大幅下跌，至少在短周期（60 分钟）释放了不少的做空能量。能量是守恒的，它不会多一分也不会少一分，空间的下跌必然使得风险进行部分的释放。

　　为什么要准备好资金，提起 12 分的注意？是因为我看到位置跌过 5 个板的股票比比皆是，这次的**下跌只要速度放缓，形态必然形成高强度的底部背离**，那反弹的强度一定超过第一波，具体的情况还要观察随后几天的市场变化，但做好准备总没坏处。超跌股做反弹，最重要的是对比分析，低价股好于高价股，小盘股好于大盘股，但要注意个股反弹时间的先后次序，区分能量的集中点的转移节奏。这个比较简单不多说了。

　　把原因说出来，一是为了让大家知其然亦知其所以然，一是为了让大家了解，**我的思维是谨慎的，所有的评论都是经过思考的**。

-----------------------------------+ 作者点评 +-----------------------------------

　　这是我首次写下一个交易日的投资策略，后来直接演化为周X 操作策略了，坚持写未来而不是过去，坚持描述得出未来结论的分析过程，至今十年未变。因为变化较小，只是多了一个交易日而已，可以看上一篇文章的后配图。

本文的思想有：

1. 不同的时期做不同的股票。如果出现大跌应该做超跌股，这里面提到了只有超跌股不需要成交量的配合，因为超跌股会有一种自然而然的反弹力量，说明这种反弹力量不是刻意营造的，既然不是刻意营造的也就不需要主力的配合或成交量的放大，市场会在超跌反弹的时候，形成某种共识。

如果是创新高，那么就可以判断进入到强势，强势不应该做超跌股，熊市求"生存"，牛市则要求"发展"。越早出现强势特征的个股，越有表现欲，"发展"里会有一个词，就是强者恒强。有很多人在牛市里也喜欢做还没涨的或涨得慢的，这个思路不对。你是要注重强势思维：最好的，最快的，最强的。

这个思想到今天也是一直在用。

2. 关于背离结构的成因。关于看转折很多人都知道结构背离，可是结构背离的成因是什么？十年前就准确地描述了背离的真正成因是因为速度放缓，这个思想是有一点复杂，里面有哲学部分，我虽然在学员区和系统课里反复讲过这个部分，但依旧觉得这个部分很多人并不能理解其真正含义。但我觉得没关系，就像我十年之后回过头来写这本书，看我当时的思想一样，大家也不一定要马上解决这个问题，随着时间的积累对交易的理解与积累，会更加理解关于结构的成因。

3. 思维严谨，分析和评论要经过思考。思维严谨和经过思考有必然的关系，我一生当中受益最大的就是喜欢和勤于思考，不只是做投资，做任何事情我都是要提前思考的。你只有思考得足够深，思维才会更严谨。

2007 年 6 月 25 日

愤怒的股民与报复性反弹

昨天的策略中，我让大家准备好资金，提起 12 分的注意，并事先声明这次的机会是跌出来的，同时也给出了为什么选择超跌股，和选择什么样的超跌股。今天收盘的时候，振幅接近 20% 的股票 20 只左右，这就意味着部分参与超跌股的投资者，有机会做到极限收益(先从跌停后到涨停)。有这样的投资者，你可以回想一下现在和昨天晚上的心情是否有天壤之别？

昨天晚上在博客里，我能够感受到的就是强烈的愤怒情绪。因此，我详细地解释了今天应该怎样操作和为什么我给出这样操作建议的具体原因。以往我是不必进行详细解释的，但昨天不一样，当愤怒的情绪充满了整个大脑的时候，我很是担心大家做出什么过激的操作和交易动作。

我在心情特别乱的时候，会远离市场，可能会去钓鱼，让我的心静下来，好好地考虑这个市场到底是怎么了！因为，我发现心烦意乱的时候特别容易做出错误的交易决策。

而愤怒要远比心烦意乱更可怕，因为除了无法清晰地判断当前的市场情况以外，还在转移责任，以发泄心中的愤怒之情。大家冷静地想一想，转移责任的直接后果，就是对自己责任的漠视，而最终吃亏的还是大家。

电影《没完没了》中葛优有两句经典的台词，我觉得特别适用昨天晚上的情形：①都是人民内部矛盾，能有多大仇啊；②有时间跟他治气，我还不赶紧挣我的钱去。

+·+·+·+·+·+·+·+·+·+·+·+·+·+·+ 作者点评 +·+·+·+·+·+·+·+·+·+·+·+·+·+·+

当时博客还可以进行评论，评论里有很多投资者对行情愤怒的情绪，当十年过去了之后，我发现相同的是这一点貌似没有任何好转，不同的是博客里的评论改为微博了。真跟行情关系不大，只要有行情就有下跌，只要有下跌就有愤怒的情绪，控制力是投资者很需要注重的一个能力。

发泄愤怒的情绪，其实是转移责任。大多数愤怒者会这样思考问题：市场太坏了，相关管理者太无能了，也有很多骂我们这些做市场分析的。当愤怒宣泄的过程中，其实就是对自己的责任的漠视，你会思考你在这个过程里犯过什么错吗？错都是别人的吗？不解决自己所犯的错，下次还会吃亏的。

人在愤怒的时候，智商为零。

+·+

 # 2007 年 6 月 30 日

发公式是为了解决抢反弹的定量问题

30 日下午 4 点 30 分做一些补充说明：

1. 简单地讲，这波下跌的幅度应该和第一波下跌的幅度相仿，这就是公式的设计思想，而反弹的幅度暂时定量为下跌幅度的 50%。

2. 这个公式在卖出位置上，确有错误，已经更正。

3. 这也绝不是个什么时候都可以用的公式，只应用于这波行情，5 个交易日内有效，也就是过了下周即失去时效性。

4. 星号代表乘。

顺便回答几个网友的问题：

1. 特玄了吧，你恐怕算不出个股补仓价位吧。庄家有自己的一套走法，谁又能左右呢。散户只有跟风，顺势而为。

答：就单一个股而言，没办法做到精确，但**大量无序的个体买卖会在整体上出现有序和必然**。就像一个容积装满了就会溢出，市场会自然而然地发生变化，关键是市场找不到这个容积的容量，幸运的是前期市场下跌给出了这个参量。做股票在概率上大于 60% 的都可以一试，今年这么多的老股民，赚不过新股民的最重要一个原因就是**过分追求完美**。

2. 徐老师指点的公式很有用，计算的结果不要看成是补仓点，要理解成参考指标。再结合徐老师所说的时间、空间以及个股的强弱。

答：几万人看我的帖子，却没有人真正了解我发的公式的目的。我的意思是要大家在这轮反弹操作的时候，解决价格的"定量"问题。跌了抢，反弹了卖，这根本就是废话。语言的艺术本来就有太多的不确定性（有个美国人很疑惑，"中国队大胜美国队"是中国队赢了，

"中国队大败美国队"还是中国队赢了）。关键是跌到什么价位抢，反弹到什么价位出？不管我的思路对也好不对也好，但至少我把模糊的思想精确的量化出来，股市当中有很多的不确定性导致定量的难度很大，但**你在交易的细节上有没有定量性，将决定你将来在决策层面上够不够清晰，数学是具备唯一值的，有了数学的定量，交易决策就从一片的思维中确定在了一个点上。**

今天我只说了一个点，定量。构建你自己的全部操作系统共5个原则：计划性、简单性、定量性、纪律性和开放性。

我的博客，从来没有任何炫耀的意思，大家不要误会。在这个市场里，除非你成为巴菲特、索罗斯，否则根本没有资格骄傲。我所能做的就是为大家树立一个方向：这个市场里有太多的方法，方式，思路，思想，值得我们去探索，在**探索的过程中，你会发现和感受到真正的乐趣**。

┼┼┼┼┼┼┼┼┼┼┼┼┼┼┼┼┼┼┼ 作者点评 ┼┼┼┼┼┼┼┼┼┼┼┼┼┼┼┼┼┼┼

大量无序的个体买卖，会在整体上出现秩序。这句话其实是很晦涩难懂的，可它却包含了很深的思想。人类之所以创造了文明，是因为秩序。科学在本质上只研究两件事，数和次序。单一的个体买卖是没有价格规律的，比方说你卖给我一个你的东西，可是大量无序的个体买卖，会在整体上出现一定的秩序，这是规律成因的一种视角的解读，我认为很有道理。这和上面提到的市场有无形的手是一个意思，无形的手，并不是有意而为之。

过分追求完美是交易的大忌，因为你在构思一个理想的交易场景，可理想和现实之间是有很大的差距的。我们常说理想很丰满，而现实却很骨感，说得一点都没错。真实的交易必然是有诸多遗憾、错误和不完美的，所以追求完美就必然偏离真实，交易者应该放弃交易的完美，而追求交易的真实。我这些年对交易和完美的理解又有新的认识，不只是交易，生活当中有人认为完美才精彩，我认为不完美才精彩。不完美才会遇到各种情况，才会出现各种应对，在应对的过程中，才会有差异性和竞争力的提高，因为不完美你会看到自己的提高，过程中才会精彩不断。

首次提到定量，模糊的分析比比皆是，定量分析在十年多前，我应该算是行业相对有些影响力的人里面首创了吧，我的博客能逐渐地成为全国第一并不只是思想新颖，而是确实能解决问题，定量解决的是执行力问题。比如，逢高卖出和××.××元卖出，区别是很大的。到现在为止大多数人做市场分析，都是模糊太多，定量太少。

我在《数字化定量分析》书中提出定量的思想和方法的时候，确实没有任何炫耀的意思，现在学员区也常说，人类文明至今，唯有三个方面渊源流传：艺术、科学和宗教，分别代表了象、数和理。我认为交易也分为三个层次：现象、数学和哲学。我目前无法到达哲学高度，就算我对哲学有一点点的感悟，但还差得太多，也许再过十年，会对哲学有新的看法吧。但我提出数字化定量分析时，确实在十年前就跳出现象领域，进入到第二个层次数学领域。现在仍有很多人执迷于研究现象，而不去思考现象背后的数学逻辑。

关于探索的乐趣，我在探索市场规律和探索市场方法的过程中经常会有惊喜：我会去探索顶尖高手的足迹，比方说江恩曾经说在圣经里找到了灵感，我就特意去买圣经，但里面都是故事，没有找到关于"数"的记载。比方说索罗斯在一个采访里说他在图书馆发现了波普尔的书，如获至宝，全部买回去。波普尔的哲学思想对他影响是最大的，尤其是《开放社会及其敌人》和《科学发现的逻辑》这两本书，国内不好买，我还是买了，但确实看不懂。我会去研究翁文波的可公度性与预测轮基础，会去研究迪马克的 TD 序列，会研究比尔·威廉姆的混沌操作法在不同周期怎么解决一致性问题。我做了非常非常多的研究工作，做研究的时候很快乐，这就是探索的乐趣。

 2007 年 7 月 2 日

超跌抢反弹数学公式在上午实战中的应用

上周五中午，我发了一个抢反弹的数学公式，公式如下：

$$(C1 - L1)/C1 = X1$$

5 月 29 日收盘价格（$C1$）减第一波的最低点（$L1$）得出下跌点数，再除以 29 日收盘价格（$C1$）得出下跌幅度参数。注意：在 10000 点下跌 100 点和在 1000 点下跌 100 点是不可同日而语的，所以用幅度参数比点位更精确。

6 月 20 号左右创出的最高点我们用 $H2$ 表示，补仓的位置 B：

$$H2 \times (1 - X1) = B$$

今天上午该方法已经发挥出部分威力，我观察了一下涨幅，今天上午超跌的个股，做以下精确数学分析：

股票代码	C1	L1	H2	计算补仓位置	最低探至
000813	11.12	6.57	8.00	4.73	4.88
000616	21.25	14.97	21.30	14.94	15.00
000411	17.94	10.60	13.97	8.25	7.76
000788	12.26	7.25	10.38	6.13	5.74
600073	13.37	9.35	12.48	8.72	9.01
600866	12.59	7.43	9.48	5.59	5.36
600297	14.21	9.32	11.31	7.41	7.23
600520	13.46	7.97	9.95	5.9	6.02
另注意：					
600720	10.45	7.10	10.99	6.72	6.72
000502	13.49	8.29	10.76	6.61	6.61

有两只股票的理论补仓价位和实际最低值竟然一分不差，完全相同。

大量无序的个体买卖会在整体上出现有序和必然，这就是规律的成因。

-·-·-·-·-·-·-·-·-·-·-·-·-·-·-·- 作者点评 -·-·-·-·-·-·-·-·-·-·-·-·-·-·-·-

我本来是把这个过程进行分解，比较容易让投资者看的时候知道原因是怎么来的，但确实不应该这么复杂，数学不好的人，可能看起来头都大了。经过实践的检验，后来直接简化为：空间的123求4，其实也没有什么神秘的，就是基于"历史重复发生"，空间的幅度，在重复。

一分钱不差，计算的值和实际的值经常会出现"完美表现"，尽管我不提倡追求完美，但初学者如果遇几次完美，会增加对方法的信任度。怎样领大家进入数字化定量分析之门不是一件容易的事，其中很重要的一个方面就是得益于数字的偶尔完美，虽然只是少数的完美，但对初学者影响很大。这是做分析的方面，而在交易方面追求完美是大忌，完美指引你进入数字之门，不追求完美则指引你进入交易之道。

之前说了大量无序的个体买卖会在整体上出现有序和必然，这句话是对前几天文章里相同的话的一种回应，那句话你也许看到了，但没有实例加以佐证就比较模糊。今天列举这么多个股的价格量化计算的例子，说明很多股票确实出现了整体上的"秩序"。我常说不要以快餐的形式来看我的策略，它们很多之间是有前后联系和相互印证的，你如果连续地看我写的策略会明白这一点。

 ## 2007 年 7 月 3 日

股市有太多的误区将我们引向歧途

江恩曾经说过，在这个市场导致失败主要有三个原因：①没有设置止损；②频繁交易；③对市场知之甚少。

股市是波涛汹涌的地方，没有知识就像不会游泳而跳进来，除了勇气可嘉以外，并没有什么值得称赞的地方，这直接导致大多数人惨淡的收场，即少数人盈利这个假设的成立。亏损之后，有的退出了，有的痛定思痛，开始耐下心来研究这个市场。研究这个市场，并不是个很容易的事情，而且有太多的误区将你引向歧途。

误区一：心态决定成败。前文我曾经说过，当特别心烦意乱的时候，我会远离这个市场，心态是很重要，但并不是决定性因素，过分强调心态的好坏会误事，而且容易造成对因果的错误理解，**到底是应该先有的好心态还是应该先有好的收益?** 天天亏损而天天喊心态要好的日子好过吗?怎样才能有个好心态?唯一的答案就是盈利，把赚来的钱换成一百一张的人民币，回家撒在床上，保证你做梦都会笑。

误区二：预测无用论。 在股市里千万不要去预测，这是我们常听到的一句话。甭管是不是真的，说的人多了就成真的了。而很少人去思考这个问题，在学术上我们要在不疑中有疑问。**如果预测是无用的，我不知道还能在股市里做什么。买入不是为了预测将来上涨吗?卖出不也是在预测吗?** 有条件地推出结果是股市常用方法之一，而这些都是假设在历史重复发生的基础上。但这个假设本身就是在预测。

误区三：买是徒弟卖是师傅。 "会买的不如会卖的""买是徒弟卖是师傅"，如果你相信了这样的话并且深入研究怎样卖的学问，那你就大错而特错了。**因为你卖的怎么样，关键要看你买的怎么样，** 买的位置够好的话，卖在哪只是个赚多赚少的问题。你会不会因为只差几分钱的成本而影响到卖出呢?最后导致差几块钱，甚至十几块钱。所以，买才是最重要的，价格包容一切。

市场还有好些误区，时间关系就不一一例举了。

那到底什么是最好的?我觉得，最适合自己的才是最好的。每个人的经历，操作习惯，操作风格，性格，资金大小，对市场的理解等都是不同的，没有哪个是最对的方法，也没有哪个是最对的思路。我也是只能用自己的系统赚属于自己的钱。

关键是怎样建立起属于自己的交易系统，我在后面会详细地写出来，这会花费我很多的时间，但如果对大家能够略有帮助，我愿意谈谈我的看法。

如果你想要一年的繁荣，你就种花。

如果你想要十年的繁荣，你就种树。

如果你想要永远的繁荣，你就播种思想。

---------------- 作者点评 ----------------

本文我的意思很直接，股市里大家耳熟能详的很多话，其实都是错的，将很多初学者引入歧途，实际上远不止这些。我举了三个例子希望大家能够引起思考，培养独立思考的能力，不要人云亦云。

最后这几句我很喜欢，如果你想要一年的繁荣，你就种花；如果你想要十年的繁荣，你就种树；如果你想要永远的繁荣，你就播种思想。十年写作，十年投资者教育培训，至今我依旧坚持在一线。我知道我在做什么，这个过程中有很多的困难和质疑，但我坚持下来了。我在十年前就知道这并不容易，一年不行就两年，两年不行就五年，五年不行就十年，我要坚强不被任何事情所打扰，我要十年磨一剑。

十年之后当我回过头来想，放弃其实很容易，坚持才是最难的。

路遥知马力，日久见人心。我播种的思想都是健康、积极、正能量的思想，只要大家喜欢，我身体条件允许，我会一直坚持下去。

2007 年 7 月 5 日

如何构建自己的交易系统之计划原则

古语有云："人无远虑，必有近忧"。创建自己的交易系统其中重要的一个原则就是操作之前要有计划，对将来可能要发生的事情要尽可能地给出详尽的对应策略，行情中永远不变的是变化。应对变化，最好的策略是按既定的计划以不变应万变。

股市中很少有人喜欢执行计划，后果呢？当行情出现与自己的意愿相反的方向时表现出慌乱，不知所措。大家扪心自问是否在犯这种错误？而这个市场中的大部分人，都喜欢凭直觉进行交易，而不是计划交易。我也有我的感觉，但我知道我的感觉通常掺杂我的情绪在里边，所以我交易的时候并不用感觉进行交易。的确，少了一种随意驾驭股市的洒脱，但实际效果更好。

这并不在于自己资金的大小，而是在于自己对待投资的态度。我们不知道行情将往何处去，但我们能够判断将来行情能够出现哪些种情况，然后根据不同的情况给出更具备针对性的操作意见。成熟的投资者对于上述计划性用时也就 5 分钟左右，可就是这短短的 5 分钟决定了你操作是否系统化。

比方说，你计划在什么样的位置上或出现什么样的条件下止盈，或者你计划持有多长时间，或者是你计划最大能承受多大的损失还是按照某个标准做移动止损。你要把你的投资未来可能要出现的情况做出假设，并且一一给出应对方案，这就是计划书。我建议你在交易之前，用一便签把这些交易计划用手写的方式记下来，然后默默地告诉自己，要严格按照这个计划去执行。你的计划不一定做得很好，但有没有和好不好是两回事。

有了交易的计划书，你就迈入了通往金融王国自由之路的第一道门，你的心就不再会受市场的影响，即达到"**我心不乱，乱的只是市场的表象和人群**"的境界。

—————————————— 作者点评 ——————————————

如何创建自己的交易系统，一共有五大原则，分别是：计划原则、简单原则、定量原则、纪律原则和开放原则。后来我录制了相关的视频课程，放在学员区里，算是对这五大原则的深入解释和描述。

计划书就是要在操作之前做的，因为操作之前的分析和判断是完全没有主观倾向性的，操作之后依照计划执行尽量不要随意改动，总变的操作计划等于没有操作计划。

+—+

 2007 年 7 月 6 日

如何构建自己的交易系统之简单原则

复杂的思维会导致在生活当中不快乐，大家可以想一想，如果你不快乐99%都跟想的多有关系。世界上两种人最快乐，一个是孩子、一个是傻子，他们的共同点都是不多想。

复杂的思维会在交易当中导致犹豫、举棋不定，关键时刻丧失决断能力。

它大致可以分为两种类型：

第一是思维方式复杂。举个例子，投资者对于自己已经买入的股票特别喜欢关注，不光从电视节目中、报纸上或网站等途径了解这只股票的相关信息，甚至不断地去问不同的投资分析师或其他业内人士。由于不同的人看问题的角度不同，所以得到这只股票的意见也会出现分歧，有一部分人看多、有一部分人看空，当股价出现波动的时候，与走势相吻合的信息就会在脑海中反复出现，这样就会丧失客观性，你想卖出就会想到负面的消息，你想买入就会想到主观的消息。打乱和影响你原来的计划，降低执行力。复杂的思维，乱七八糟的意见只会扰乱你的交易决策。

解决这个问题的方法可以在买入之前对这只股票进行全面的了解，对有可能出现的各种情况做细致的应对方案，即交易计划。买入之后，严格按照交易计划执行，努力清空自己的思维、回避相关信息，你越是在意越要明白一个道理，**外界对你的交易的评价，相关的信息知道得越少越好，而不是越多越好**。用已经计划好的方案以不变应万变，这样你就可以回避信息和股价波动给你带来的影响，做到我心不动任凭股价波动，因为更客观，所以操作的成功概率就会大大提高。

第二是操作形式复杂。常看到有人在即时盘中买入之前，先看看kdj、macd，再看看成交量，再看看基本面等等。当你看完所有要看的，觉得满意了，再想买入时，股价却早已涨起来了，失掉了最好的操作时机。卖出同理。我曾经认识一个在股市当中，数年如一日的好学长者。波浪、江恩、趋势几乎无所不精，但这个市场给他留下的却多是血淋淋的教训。问题的根本在于操作形式过于复杂，过于追求完美，过于追求全面而失去重点。如果你只确定一个标准而不是多个标准，操作形式就会变得简单，执行就会变得容易，在你众多要考虑的因素或条件里，选其中的一个吧，只要你的核心交易规则是唯一的，操作形式就变得简单。最主要的交易规则满足后，即可入场或出场，操作上干净利落，绝不拖泥带水。

很多在生意上很成功的人，却在股市里很失败，因为他们都没有想过，生意和交易是完全相反的两回事，做生意是想得越多越全面越好，而做交易是想得越少越简单越好。越是简单的操作思维和方法，实战越有效果，天道筹勤，而股道至简，这就是我所讲的创建系统性操作第二个原则：简单原则。

+· **作者点评** +·+

感谢我在刚入股市的时候，一位台湾长者对我的影响。他完全不懂股市，更不交易 A 股，但看到我每次因为追求完美而快乐的时候，给了我这个非常重要的思想：简单。

简单不只是我交易系统里的原则，我把它放在了第二位，仅次于计划原则，代表其重要性。而且在生活当中对我帮助也很大，不该想的事不多想，让我快乐很多。

化繁为简是一种本事，更是一种艺术。

这件事也告诉我，能帮助你的人，也许并不是你认为有能力帮助你的人。

+—+

2007 年 7 月 10 日

如何构建自己的交易系统之定量原则

股市当中很多不确定性因素使得在很多问题上很难精确定量，但你的交易系统中应该有定量的部分。

举个例子，我常听到投资者有这样的思路："如果走的不好就马上出局，然后做高抛低吸。"那么我们先思考什么是"走的不好"，是上影线长为走的不好，还是成交量过大为走的不好，还是向下破位为走的不好？如果破位是走的不好，怎么又称得上是破位呢？是刚开始下跌是破位，跌了一段时间是破位，还是跌破了某一位置算是破位。高抛低吸这个道理大家都懂，关键是怎么才算高抛，怎么又才算低吸？有没有标准可以依据？

从上面的情况能够看出，给出的这些操作的理由只是一种概念，一种模糊的概念，概念化和直觉性的交易只能称之为感觉，并不能成为真正的操作理由，那么临场的时候就导致决策的主观性极强。凭感觉进行交易就是特别主观的一种交易方式，目前市场上绝大多数都是这一类投资者，**定量是区分你是感觉交易选手和系统交易选手的重要标准**。

解决上述问题很简单，把操作思路"量化"，给自己一个"清晰"的操作理由。我的操作分析和策略基本都有数学的概念在里面：3580 是空间的量化，上午 11 点是时间的量化，32 点/小时是速度的量化。并不是我的方法才叫量化，有数在内的都叫量化，量化的基础是数学，数学具备唯一值，而解决了唯一值才会使得操作思路清晰，你可以把你所有的思路赋值一个数字，这样就可以**把一片的模糊操作概念定在了一个点上**。

当你的交易系统中有了量化的概念之后，契合了前期的所讲的简单原则、计划性原则，你会觉得原来交易是如此的容易。系统的这些原则是能够相互晖映，互相补充。我知道大家对于量化很难理解，这毕竟是个崭新的思想，希望大家有勇气去试一下，把你原来的操作习惯、操作思维和方法，用数字的标准衡量一下。不管你做的量化对还是不对，不对也没有关系，**量化的标准都是一点一点、一步一步的建立起来的**。

很多人不愿意走这条路，觉得好麻烦。但大多数人在股市里转了一大圈，四处碰壁后才发现，**交易没有捷径，大门已经敞开，但门槛需要你自己迈过去**。

─────────── 作者点评 ───────────

量化其实并没有那么难，我现在也依旧认为，世间万物一切皆可量化。所以，交易计划里各个环节的量化不是难不难的问题，而是对不对的问题。不好理解是吗？做到量化并不难，但做到准确是有难度的，这需要很多方面的知识体系，有数学的、有哲学的、有交易经验的、有交易规则的等等诸多内容，但先要解决的是从无到有，你需要甭管对错的先尝试量化，千里之行始于足下，每个人的量化标准都是一点一点、一步一步的建立起来的。这件事除了你自己去做以外，没有人能帮你，也许有些人的交易系统已经很好了，但要记住那是他的，不是你的。你可能会说你用他的就行了，你不是他，你怎么确定你能用好他的？股市里没有常胜将军，对要知道对在哪了，错也要知道错在哪了。这就是为什么我要加一句：大门已经敞开，但门槛需要你自己迈过去。

2007 年 7 月 11 日

如何构建自己的交易系统之纪律原则

俗话说"没有规矩，不成方圆"。市场的规矩即纪律，即要求每位投资者都应遵守的用来约束自己行为的规则，它是想在股市取得成功的基本保证。

作为一位资本市场的投资者，要先养成良好的行为规范，形成良好的操作习惯，这样才能在波涛汹涌的股海中游刃有余。但实际上很多投资者不知道纪律的重要性，临场操作的时候总是**心存"侥幸"和"幻想"**。

我曾记得一位投资者，他从趋势到波浪、到江恩、到螺旋历法、到时间之窗，几乎熟悉所有的理论，他周围有很多人跟着他一起做股票，股价向上突破或向下破位的时候，他总是提醒大家要注意买入和卖出，那些人也确实有所收益。可是他自己却亏损累累，他常说的一句话是："我明明判断出来将来的走势，就是当时没做好。"总而言之，就是**"看对"**没**"做对"**！仔细分析一下原因，就是没有严格地遵守操作纪律。

机构在这个方面做得好，是因为能够把分析团队和执行团队严格地进行分割，分析团队你只负责分析，你不要去管执行得到不到位；执行团队你也只负责执行，你不要去管分析得对或不对。所以机构的交易纪律整体上要比个人好很多，而个人投资者**一人身兼分析和交易的时候，纪律性在执行环节是有很大问题的，很难做到"知行合一"**。

法律的执行有四个方面可以借鉴，有法可依、有法必依、执法必严、违法必究。你做好了交易计划，简单了自己的思维，量化了交易准则，这只是有法可依，但如果你执行力出问题，上面所有的工作就都没有意义。如何做到有法必依呢？先看后两个：执法必严和违法必究。如果执行力出问题，要严格地发现和认识错误，就是执法必严；并且给予自己一定的惩罚措施，比方说用一只手狠狠地抽你下单的另一只手，使点劲，抽红了、抽疼了才会记住，才能做到有法必依。

当你建立了自己的交易系统，迫使自己遵守钢铁般的纪律，你就将变成一位将军，你的资金就会变成战士。那么想一想服从纪律、纪律严明的正规军，和没有纪律的散兵在两军交锋的时候谁更有可能打胜仗？说炒股是打仗好像有点吓人，但实际上就是在打仗。股市实战中没有朋友只有对手，只有在众多的投资者中脱颖而出，物竞天择、适者生存才会成为少数的胜利者。能否排除杂念做到钢铁般纪律，将起到关键的作用。

这就是我所讲的如何构建自己的操作系统之纪律原则。

────────────── 作者点评 ──────────────

关于纪律原则，最想说的就是：纪律原则没什么好说的，本应铁血执行，错也要执行。你只要铁血执行了，纪律原则的这个环节就不会有任何问题，分析出错这很正常，没有人能做到每次分析都正确，但你完全可以做到每次执行都能知行合一，不论你是顺境还是逆境，愿意还是不愿意。

──────────────────────────────────

✅ 2007 年 7 月 13 日

如何构建自己的交易系统之开放原则

如果在市场中亏损，那么可以肯定的是在交易系统中有某些不足，所以你的**系统应该是开放的，随时准备接受正确的，改正错误的**。

多年前，我对自己在市场中操作的要求很高，每一次操作都力求完美，导致每一次操作失误的时候都很不快乐。后来我认识了一位台湾的老总，我向他倾诉我的烦恼，他对资本市场一无所知，但他告诉我想得太多是导致不快乐的主要因素，要简单地对待人生和投资。他的话深深得影响了我，我建立了自己的交易系统，而简单原则成为了我最重要的一个操作原则之一。

有部分投资者在数年的股票操作中总结出一些宝贵的经验，在某一个特定的时段里操作成功率很高，然后就到处拿着交易记录炫耀着他的操作成果，对其买卖方法却是只字不言。但是，正当自以为安全的时候风险却如期而至，再用老方法、老套路已经不灵了。**因为时代在变，行情也在变，操作的方法和逻辑也在变。交易系统不能墨守成规，交易系统需要不断地注入热情与活力。**

你需要睁大你的眼睛多看、竖起你的耳朵多听，更重要的是要打开你的心灵多与人交流。你也需要每隔一段时间能够停下来，统计一下数据，思考一下你的交易系统是否还适应现在的市场。不要害怕改变，不要故步自封，你要相信，在中国股市里，你、我还有其他人，都是在黑暗里的探索者。所以我们要多看看别人是怎么做的，多听听别人是怎么想的，要勇于拿出最好的东西来与大家交流，我认为我最好的就是交易系统与数字化定量分析，而且我不打算私藏，计划全部拿出来与大家分享，你所得到的会比所付出的要更多。因此你的系统应该具备蓝天一样的胸怀，开放它，并不断地修正和完善你的交易系统，这样的交易系统才会永具活力。

这就是我所讲的如何构建自己的系统性操作之开放原则。

—————————— 作者点评 ——————————

资本市场里永远不变的就是变化，不管你喜不喜欢，变化时刻存在。至今没有一个方法是完美的，能够应付所有的变化，就整个交易系统而言，最无奈的是你坚信它的时候，它正在开始慢慢过时，而你还不能发现这件事。

习惯是如此之轻以至于无法觉察，习惯又是如此之重，以至于无法挣脱。开放原则就是不断反求诸己的过程。

 2007 年 7 月 15 日

中国股市，有创新才有进步

最近读李敖先生的《北京法源寺》，看到下面几段话。

一八九四年到了，这是中国的甲午年，这一年，中国的外患更复杂了。过去来欺负中国的洋鬼子，还都是金发碧眼的，都是白种人，以英国人、法国人为主。在中国古代国威远播的时候，这些洋鬼子跟中国根本没碰头，中国的国威，也施展不到他们头上，中国国威施展的对象多是黄种人，包括日本、越南等。

日本在汉朝，就被中国封为倭奴国王；在元朝，还被中国攻打过，日本在中国眼中，一直是看不上眼的。但在十九世纪到来的时候，日本因为肯变法，而变得强大，大到要打中国的主意了。日本人眼睁睁地看到，中国在衰弱，中国在一八四二年，被英国城下之盟，订了南京条约；一八五八年，被英国、法国城下之盟，订了天津条约；一八六〇年，又被英国、法国城下之盟，订了北京条约……城下之盟以外，杂七杂八的屈辱性条约，也一订再订。

日本认为中国这块肥肉，它也要参加吃一口了。于是，在一八九四年，以朝鲜问题为由，同中国打起甲午战争。甲午战争是在一八九四年七月一日正式宣战的，中国打败了。打败以后，大家都骂行政上负责人李鸿章，可是李鸿章却说："此次之辱，我不任咎也！"他说他久历患难，知道世界与国家大势、知道这仗不能打，他早已警告大家不能打，可是人人喊打，说不打不行，不打是汉奸；结果打了，打败了，大家又骂他没打赢，还是汉奸。

康有为曾经说过："道光二十年，也就是五十五年前的鸦片战争。鸦片战争起因，出在洋人损人利己，把他们自己不抽不吃的鸦片烟，运到中国来，结果打出了鸦片战争。这个仗中国打败了，打败的真正原因是中国根本落伍，中国的政府、官吏、士大夫、军队、武器、百姓都统统落伍。"

中国那时候没跟世界全面接触，不了解自己落伍，是情有可原；但仗打败了，都还不觉悟，又睡了二十年大觉，闹到了十年后英法联军火烧圆明园，这就不可原谅了。

我国近年来，在金融领域的数次与国际资金交锋，多数以失败告终。刻骨铭心的是"中航油事件，导致巨额的国有资产损失"，"国际期铝套利巨亏事件"。我国在金融领域的对外开放，从长远的眼光来看这是一条必由之路。现在的金融领域不了解自己落伍，还可以原谅；但亏了这么多，遇到了这么大的教训，如果再睡 20 年大觉，就不可原谅了。

所以，在继承传统理论的精华后，我们这一代人要有勇于创新的精神。

中国股市，有创新才有进步。

┅┅┅┅┅┅┅┅┅┅┅┅┅┅┅ 作者点评 ┅┅┅┅┅┅┅┅┅┅┅┅┅┅┅

当我十年之后再看到这篇文章的时候，内心还是起了波澜，大家注意我写这篇文章的时间是 2007 年的 7 月 15 日，时隔一年之后的 2008 年，我国再次与国际市场金融大鳄的交锋中大规模溃败：

2008 年 12 月 3 日，中国投资公司董事长表示投资摩根士丹利和黑石集团损失 60 亿美金。

2008 年 2 月，中国铝业 922.6 亿人民币成为力拓的单一最大股东，截止同年 11 月 25 日，这笔投资当时的价值只剩下172 亿。

2007 年 11 月 27 日，中国平安收购了富通银行 5% 的股权，花了 239 亿人民币，2008 年最惨的时候，这部分投资只剩 10 亿，亏了 229 亿。

2008 年中国国航、东方航空燃油套期保值，国航浮亏 30 亿，东航浮亏 18 亿，请注意 2007 年国航一年才赚了 38.8 亿。

中信泰富外汇期权一度巨亏了 180 亿，深南电原油对赌当年也是巨亏。

为什么我们一直在输，2007 年我的担心和写这篇文章的时候，就有这个担心。我们在金融领域太落后了，甚至我们不知道是为什么输的。

2008 年我曾经去新华书店看证券方面的书，比较畅销的国内作者的书都还是在研究现象：K 线、均线、MACD 等等，可是我最开始进入市场 2000 年研究的就是这些，当时也是很受欢迎，也就是说近十年没有任何的进步。2018 年，当我再去看证券领域的畅销书，然后非常失望，国内证券著作里我们二十年内几乎没有什么明显进步。以至于我认为，就算是我把十年前我写的东西翻出来，出版一下，仍是优秀的思想。

 2007 年 7 月 21 日

一切基于信念

我曾经写过，开博客这一段时间以来，经历了喜怒哀乐各种滋味。喜的是，这里边发现了很多的高手，对我产生了极大的思维碰撞；乐的是，看到大家如此强烈的求知之心，它会成为中国股市进步的原动力；哀是哀其不幸，很多投资者损失较重，苦不堪言；怒是怒其不争，只会到处宣泄自己的不满。

昨天，央行宣布加息，同时高层决定 8 月 15 日以后，利息税由 20% 调减到 5%（相当于再加两次息）。我从内心深处希望周一股票涨，因为如果周一大跌，无知的投资者会把所有的愤怒归咎于政策。

我们的眼睛本有两种功能：一种是向外看，无限宽广地观察

世界；一种是向内看，无限深刻地发现自己。而股市中，我们的眼睛总是看外界太多，看自己太少。

"5·30"下跌以来很多投资者亏损惨重，很多人迁怒于政策，可"5·30"当天最高曾上冲至4275点，你是有机会逃出来的。但你没有逃，因为你认为错不在你，错在政策。连续的下跌，让你亏损严重，让你苦不堪言，愤怒的情绪和无知的偏见蒙蔽了你的双眼，你的头脑里再没有理智，四处宣泄自己的不满情绪。但自己曾经犯过的错误依旧在犯（不设止损），手里的资金依旧在缩水，嘴里的怨言依旧在宣泄。眼前不仅茫然，希望在哪里？美好的未来在哪里？此刻，你已经没有了对股市最重要的一样东西——信念。

《论语》里"子贡问政"。孔子的学生子贡问，一个国家要想安定，政治平稳，需要哪几条呢？孔子的回答很简单，只有三条：足兵，足食，民信之矣。第一，国家机器要强大，必须得有足够的兵力做保障。第二，要有足够的粮食，老百姓能够丰衣足食。第三，老百姓要对国家有信仰。

这个学生矫情，说三条太多了。如果必须去掉一条，你说先去什么？孔子说："去兵。"咱就不要这种武力保障了。子贡又问，如果还要去掉一个，你说要去掉哪个？孔夫子非常认真地告诉他："去食。"我们宁肯不吃饭了。接着他说："自古皆有死，民无信不立。"这句话的意思是没有粮食无非就是一死，从古而今谁不死？所以死亡不是最可怕的，最可怕的是国民对这个国家失去信仰后的崩溃和涣散。

我相信，政策不是为了与民争利而调控股市，我也相信，今天经历了些许的烦恼会筑就明日更大的辉煌。就算我们的政策有时候是错误的（2001 年国有股市价减持），但我们仍然应该包容她，这是源于对祖国的信仰。

要能够正确面对人生的遗憾，要在最短的时间内接受下来。不要纠缠在里面，一遍一遍地问天问地，这样只能加重你的苦痛。净口、修身、齐家，首先离我们最近的，最容易做到的就是净口，不要怨天尤人。

在股市当中，**亏损不是最可怕的，最可怕的是对股市没有信念，心中没有反败为胜的信念**。

〉〉〉〉〉〉〉〉〉〉〉〉〉〉〉 作者点评 〈〈〈〈〈〈〈〈〈〈〈〈〈〈〈

一切基于信念。这六个字是我非常喜欢的一句话，我的第二本书《盘口》早期夹的书签就是这六个字，是我手写的。我对这句话有很深的情感，这么多年来，我一直坚持我所要坚持的，都是基于信念。

 2007 年 7 月 24 日

我认知的江恩理论

江恩于 1878 年 6 月 6 日出生在得克萨斯州。在童年时代，他就展示非凡的数学才华。在完成高中学业后，于 1902 年，也就是他 24 岁时开始从事交易。按照他自己的说法，他最初的交易建立在"希望、恐惧和贪婪"之上，所有这些显然和成功的交易策略不相干。

在损失惨重之后，江恩开始发现市场遵循某种数学法则和一定的时间周期，他对价格和时间的联系产生了极大的兴趣。江恩开始深入研究这种相关性，甚至前往英国、印度和埃及研究数学理论和历史价格。江恩的创新理论依赖于数学自然法则和时间周期，同时他认定过去的市场行为可以预测未来。

最开始研究股市的时候，我也对股市当中是否有确切的规律保持怀疑，我甚至怀疑江恩是个大骗子。

但我又想，为什么不去相信股市有规律呢？如果股市是一个无规律的市场，就丧失了深入研究股市的性质意义和基础。**要想深入研究股市，怀疑这关必须要过**。很幸运，通过对市场做了大量的时间和空间研究，现在我坚信江恩是存在的。

读《江恩理论》，你会发现到处渗透着哲学。哲学跟股市有什么联系？股市有时候是用基本面、技术面、消息面无法解释的。有很多人都说，股票庄家说了算，大盘管理层说了算。但大家想过没有，管理层会不会直接干预我们，不让我们买入，或不让我们卖出？不会的。2001 年下跌到 998 点的那几年，管理层希不希望股市涨？你是证监会主席你不希望股市长牛不衰？但没办法，股市有自己内在的性格、逻辑和规律。再谈庄家，庄家有那么神秘吗？大熊市时期亏损的庄家比比皆是，新疆德隆的做庄手法实在不敢恭维，逆市场而为的最终结果是什么？

总之，同在阳光下没有新事物。股市本就是自然的一部分，应该属于自然法则的约束范围。政策、消息、大盘、个股、庄家、散户是自然的部分，时间、空间、速度、能量、趋势、次序、循环是自然的方法，因此我们**用自然的法则应用于自然，才是最贴近市场的**。所以，我的思维里只有自然，不分庄家散户，亦不分大盘个股。

-----------------------------·作者点评·-----------------------------

我写这篇文章的背景是很多人都非常坚定地认为中国股市是政策市，十年后到现在为止也有很多人这么认为吧，并且是坚信不疑。但大家看我这么多年完全不研究政策的情况下，对于市场的判断还是能做到很高的成功率。我当时就不想辩解关于中国股市到底是不是政策市这个话题，现在我仍然不想辩解。我坚信股市有自己内在的自身的规律，并不以政策的意志为转移，但我并不一定要与人争辩什么，你觉得是政策市你就用你的方式，我呢，就用我自己的方式。

所以当初写了这篇文章，江恩从来不认为美国股市是政策市，他在努力寻找股市里的规律。后来我在我的培训课里讲三大理论与形态，提到了江恩理论是技术分析派的理想。这不过十年后的我愈发觉得这个理想依旧很遥远，四个字：何时何价。

我有时候能单独地解决时间问题，有时候能单独地解决空间问题，但我至今无法做到何时何价，即在什么时间见到什么价格。我只是认为空间、时间、结构、趋势，这些自然法则已经拥有了市场的全部信息，具有全息属性。我不需要再研究别的了，我们用自然的法则(空间、时间、结构、趋势)来应用于自然(股市也是自然的一部分），才是最贴近市场的。

我估计80%的人不懂我当时为什么说这句话，十年后，当我再次看到这篇文章时，我可以这样解释。当时也许因为自己的资历太浅，很多事我都是看透没说透，原因是怕别人说我托大，装X。十年后的我，为什么可以解释这件事，首先是因为我的看法跟十年前一样，当我写这本书的时候，很多事情我都做好了需要解惑的准备。

其次，十年后的我，已不在乎别人怎么评价我。

 2007 年 8 月 17 日

首谈美国次贷危机

这几天的文章里，我一直强调**美国次级按揭债对国际金融市场的影响比我们想象中还要严重**。主要原因有两点：一是各国央行大力度进行注资，问题小的话不会有这么大的动作；二是前任美联储主席格林斯潘认为，"次按流感"可能扩散到其他经济领域。

而现任美联储主席伯南克认为，对整体经济的负面影响有限。**我本人更相信格林斯潘**，这几天的多米诺骨牌效应已经显现出来，先是第二大次按公司，然后是巴黎银行，然后是全美第一大商业抵押贷款公司，然后？然后？

有人做过研究，说谎的人每分钟眨眼的速度要比正常情况下快一倍。英国财政大臣莱蒙 1992 年力挺英镑的时候，每分钟眨了 64 下眼睛，谁能告诉我伯南克讲上述那番话的时候他眨了多少下眼睛？

下午被临时客串做新浪的收盘播报，所以发文推迟了。做完节目，漂亮的主持人江卉问我关于次级债的最大看点在哪儿？我说是格林斯潘和伯南克的 PK，两大金融快男。

今晨美股虽然止跌，但乐观情绪并未感染亚太，纳市中国概念股在收盘前出现集体大跌。次级债危机在股市引起的寒流似乎已进入冰封期。今日亚太股市继续大跌，跌幅超过昨日。日股全日暴跌 874 点，韩股跌幅继续扩大，恒指跌破 20000 点重要关口，盘中最高跌幅高达 1285 点，最近几年的最大单日跌幅，愿上帝保佑香港。

如果上帝保佑了香港，谁来保佑我们？这两天的 A 股也在跟随国际市场，与其指望 A 股独善其身，不如把命运交给我们自己。

昨天的新浪开盘播报，我在节目现场就声明，**大盘已经破位，应出局**。回到公司，朋友问我当时说这话的时候会不会有压力？当然会有，但是作为一个市场分析师我有自己的责任和义务。这并不代表说得是否正确，而是在于能不能在大盘关键的时候敢于站出来，并承担一定的压力。**我可以错，但绝不两头说话**。

作者点评

我可以错，但绝不两头说话。这句话我坚持了十年了吧，你们可以为我做证吧。我前面说过关于一切基于信念，我一直坚持着我所要坚持的。

比方说，绝不两头说话，是因为我烦死了两头说话的人，更别提市场分析师，我既然烦就肯定不会做这样的人。

比方说，我坚持不推荐任何一只股票。

比方说，我不谈论别人，闲谈莫论人非（我夸的人都是我心里认为值得夸的，我不会因为任何原因去夸一个我不喜欢的人）。

比方说，我坚持写未来，我知道写未来一定会错，但对于交易而言，未来要比过去重要得多。

比方说，2012 我连续发文指出股指期货交易制度的问题导致机构清一色做空事件，提前预警 2015 年股灾断崖式下跌事件，这些在政治上本没我什么事，但我坚持站出来说话，作为一个市场人士，我有一个市场人士的勇敢、责任与担当。

 2007 年 8 月 19 日

股票市场的游戏规则

前文曾经提过，无论做什么事情，我是特别注重规则的。所有的游戏都有规则，那么股票市场的游戏规则是什么？首先来分析一下**股票市场的参与群体，我认为可以分为三类，即自己、对手和裁判。**

先来说裁判，这里就不用指出是谁了吧。裁判的尺子可大可小，时大时小，我们无从把握，但任何游戏得罪裁判都是没好处的，而且我们的裁判还算比较公正，尊重裁判就是尊重游戏规则，所以我建议大家尽可能的和裁判成为朋友，并听他的话。

然后是对手，股市里实际操盘中我们会有对手。买入和卖出是对手，散户和庄家是对手，将来会形成机构之间互为对手。在思维上，有时候我们站在对手的角度考虑一下是必要的。

最后是自己，**自己的可控性最强，改变自己远比改变对手容易得多。所以建议大家每个人都要建立自己的交易规则，然后自己走，把命运交给自己。**

股票市场上的游戏规则有好多，我认为值得思索的有两个：

1. **负值博弈规则**。因整个市场是撮合交易，有卖的，才有买的。买和卖形成对手盘，如果买的人因为买而盈利，那么卖的人就因为卖出而亏损。买卖双方通过市场来博弈，而博弈的过程是多空的此消彼涨。各个相关部门必要的运营费用都在这个市场里来，所以博弈的总和应该是负值，即负值博弈。所以从这个角度讲，股票市场少数人盈利这句话是正确的。就我本人来讲我从来没有想过在市场里一朝暴富，我的目标其实很简单，就是怎样站在市场的少数人群里。基于此，我常做逆向思维。假如你是超级主力，假如你也认为这个市场是少数人盈利的。你要做的最重要的事情，就是怎样规避大多数人的想法。

2. **最大傻子规则**。这个名称最早是海南一个地皮炒作过程叫出来的。赵本山的小品，我早期是不怎么看的，觉得俗。后来发现春节晚会上能把大家逗的最开心的就数人家老赵了，事实证明，不服不行。最大傻子这个名，大家也可能觉得很俗。但它却活生生地展现了市场的规则。第一个人买了股票卖给第二个人赚了，第二个人卖给第三个，然后是第四、第五个。牛市当中如果出现 20 个投资者，前 19 个可能都赚，最后一个是所有消费人群的最终买单者，叫"最大的傻子"。所以，现阶段最重要的事情是不要当最后的买单者，况且这一次还是股市的盛宴。

喜欢买单的大款除外，哈哈。

作者点评

这是我首次提到自己、对手和裁判，后面在方法论里还会提到，那已经是十年后的事了。十年前，我还只用于股市，十年后，我将这三个要素融到方法论里，已经不再局限于股市。

至于两大规则：负值博弈规则和最大傻子规则。十年后虽然从某个角度来看，这样的说法还算是正确，但已经不够严谨和全面，我今天再做一下详细的解释。

先说负值博弈规则：从静态的角度，股市不印钱，但相关部门要在市场里往出拿钱(手续费：印花税、交易佣金、过户费)，钱的总数应该是越玩越少的，从这个角度这么看是没错的。但如果从动态的角度，考虑到 GDP 增长和通货膨胀，考虑到货币超发，考虑到股票的属性和期货的属性，这么说并不严谨和全面。

期货是纯正的负值博弈，但股票只能算静态是，动态并不是。比方说 6124 点和 5178 点，在这些显赫的历史高位的时候，股票市场上几乎所有人都是赚钱的，而 998、1664 点这些著名的历史低位的时候，绝大多数人也都是赔钱的。在这些时间点不能说明负值博弈问题，而期货市场任何时间点都可以证明是负值博弈，因为对等原理。

还有，股票市场长期来看，是反映股票所在的公司的价值，大多数公司会随着 GDP 的增长而增长，随着通货膨胀的速度变化而回报的速度也在变化，所以长期来看股票大方向是上涨的。美国做了一个 200 年的大类资产配置的回报统计，股票投资回报（103 万倍）远超过长期债券（不到 4000 倍）、短期债券（不到 2000 倍），虽然年复合收益率只有 6.83%，但股票投资在美国依旧秒杀了所有债券、储蓄、黄金、外汇等投资性金融产品。

也就是说，负值博弈在动态上形容股市是不对的，股市长期来看是能给绝大多数人正向回报的。但这没有太大的关系，我十年前的意思是，即便是静态的、理论上的负值博弈，只要参与的群体足够大，占到少数盈利的那一部分人群里的并不太难。相对容易的办法是，尊重裁判、思考对手，最重要的是管控自己，把命运交给自己。

再说最大傻子规则：这个有点像"击鼓传花"，高和低是相对的，你不论多高的位置买入，只要能在更高的位置卖出，你就能盈利。这个是有违"有效市场假说"理论的，有点倾向于"凯恩斯选美理论"。市场的经典理论有很多，除了这两个还有著名的"随机漫步理论"（我个人一开始就认为这个理论有点扯，因为无法证伪）、"行为金融学理论"和"现代资产组合理论"，这几年它们都能在 A 股市场里取得不错的成绩，但并不出众。

我本人倾向于索罗斯的反身性理论，尤其是是我看了很多索罗斯近年的视频，反身性理论和凯恩斯选美理论大方向是一

致的，认为击鼓传花其存在有必然性。所以最大傻子规则的好
处是确实容易记，前面很多人吃饭，只要不做最后买单的人，
就不算错。但最大傻子不能单纯地指向最高位入场买入的人，
因为如果最高位买入能够及时止损，就不会是损失最大的，最
大傻子应该指向高位买入而不懂得止损，并且在低位交出筹码
的人。不要做这样的人，这样论述在十年后的今天看来比较严
谨和全面。

 2007 年 8 月 31 日

直觉交易的可怕之处

　　前期我讲过金融市场的游戏规则。金融市场就好比一个大的
博弈体，有社会各个方面的市场参与者参与其中。在这个博弈体
中，买卖双方形成对手盘，如果买的人因为买而盈利，那么卖的
人就因为卖出而亏损。买卖双方通过市场来博弈，而博弈的过程
是多空的此消彼涨。

　　如果考虑到各个相关部门必要的运营费用都在这个市场
里来(交易手续费)，所以博弈的定义应该是负值博弈。所以
从这个角度讲，金融市场少数人盈利这个假设是正确的。因
此我们的目标也就相对简单了，就是怎样站在市场的少数人
群里。

　　首先我们就要研究和分析一下导致大多数人亏损的原因在哪

里？最主要的原因我认为是绝大多数人在做直觉交易。即交易的时候跟着感觉走，这种交易是感性的，我们很难讲这种感觉具体的成功率有多大。有的时候我们的感觉灵验了，有的时候却是错误的。

时好时坏的感觉，时赚时赔的收益情况，让很多投资者迷失了方向，已经不知道走哪条路才是最正确的。良好的交易心态是需要建立在良好的收益情况之上的，赚了钱我们才会有好的心态。在这个金融市场里，不是赌一次的输和赢。**一个优秀的交易高手的定义应该是，能够连续多年获得稳定而持续的回报，而不是一朝暴富，常赚而不是大赚。**

直觉会随着周围的环境变化而改变。政策、消息、形态、涨跌都会影响着我们的交易直觉。所以，直觉性交易并没有办法做到稳定与持续。而且有些时候直觉是一片的交易思维，举个例子来讲：我们买入某只股票，通常都是感觉这只股票要上涨。但什么时候开始上涨，具体能涨到多少，并没有清晰的概念。操作思维如果是模糊的，临盘决断的时候就会产生犹豫、举棋不定。

我们再来分析一下直觉性交易者的心理变化。当盈利的时候，心情的紧张程度会随着盈利幅度而增加。假如我们有了盈利，就会产生高兴的情绪。如果出现大幅度盈利，高兴的情绪会跟随增长变成了激动的情绪。当激动的情绪达到一定程度的时候，普通的投资者是经不住市场的波动的。心里深处早已经生出了获利了结、落袋为安的想法，这种想法会越来越强烈，所以即使遇到大的行情也只是赚到很少的利润。

反观亏损的时候，心情的紧张程度却会随着亏损的幅度增加

而降低。假如我们只亏了一点，会产生紧张的情绪。如果出现大幅亏损，紧张的情绪反而降低了，为什么呢？因为紧张情绪的产生是因为不知所措，只亏了一点的时候如果没有卖出，多半人是不愿意在亏了很多的时候卖出的。所以虽然亏损增加了，却坚定了不进行卖出的决定。如果继续大幅下跌，这种决定将更加坚定，所以不再不知所措，所以不再紧张，任由市场变化了。**上涨的时候越涨心越乱，下跌的时候越跌越心安。这是导致盈利小而亏损大的最主要原因**。

所以，直觉交易是不稳定的，很难在市场里形成竞争力。

+++++++++++++++++++++++ 作者点评 +++++++++++++++++++++++

上涨的时候越涨心越乱，下跌时候越跌越心安。这句话的确是很多人不赚钱的主要原因，卖出其实是买入的一种交易的结束。如果你浮动盈利的时候卖出等于锁定盈利，这笔交易成功了，这个钱是你的了。如果你浮动亏损的时候卖出，等于锁定亏损，这笔交易失败了，你要承受这个失败。

从情感的角度，多数人是不愿意接受失败的，而更愿意接受成功，哪怕是很小的成功。投资者在心理上的变化有时候很微小，但足以影响执行力。前面我说过卖的时候会考虑买的价格，很少有人在卖出的时候完全不理会买入价，有的人如果账户盈利了，不管是不是要做交易，都要进入交易系统里看看盈利的金额，每次打开交易账户，心情都特别好。可是如果亏损了呢，这部分爱看账户的就尽量回避打开账户，能不看就不看，眼不见为净。其实这是一种逃避的心理，不愿意面对，所以选择逃避。

直觉交易还有一个藏得比较深的、你很难发现的问题，就是你的理由会配合你的意愿，然后你会不知不觉地默认这个理由，去迎合你的意愿。系统性交易就是狠一点，不给你机会匹配任何理由。

 ## 2007 年 9 月 9 日

翁文波《预测论基础》

翁文波先生知识渊博，学术上有高深造诣，他治学严谨，乐于助人，把自己的知识毫无保留地奉献给了祖国的石油事业。建国以来他培养的许多地球物理专业人才和研究生，都已成为石油勘探事业的专家和骨干力量。

1966 年邢台大地震后，受周恩来总理的重托，他与李四光先生分头探索地震预测这一难度很大的科学领域，把自己的后半生奉献给了预测论的研究和地震预报事业。20 多年来，他在这个几乎空白的领域中不懈地奋斗，进行着预测科学的研究，先后发表了《初级数据分布》《频率信息的保真》《可公度性》《预测论基础》《Theory of Forecasting》《天干地支纪历与预测》，以及《预测学》等专著，形成了他的独特的理论体系，这些理论应用于预测地震、洪涝、旱灾等自然灾害方面的实践，取得了突破性的进展。据统计，**翁文波先生生前共做过 252 次各类天灾的预测，实际发生的有 211 次，占总次数的 83.73%**。获得了重大的经济效益和社会效益。

与此同时，他积极倡导在中国地球物理学会下设立天灾预测专业委员会，并组织领导该会的活动，对推动预测科学的实践和发展做出了贡献。这一切引起了国内外科学界的关注和赞誉，被誉为"当代预测宗师"，标志着他的学术成就已处于世界预测科学前沿。

翁文波先生热爱中国共产党，热爱社会主义祖国，热爱科学事业，热爱石油工业。坚决拥护并贯彻执行党的路线和各项方针政策，拥护党中央的领导。他严格要求自己，无私奉献，严于律己，宽于待人，遵守纪律，为人正派，艰苦朴素，清正廉洁，工作勤恳，兢兢业业，不愧为石油工业的杰出科学家。

翁文波先生为我国的石油工业和科学事业付出了自己毕生精力，就是在他住院的最后 53 天，靠输液支持生命的日子里，在病床上想的还是预测论的事业，他把微机搬进病房里，抱病上机交接工作。这种感人的事迹充分体现了翁文波先生热爱祖国、热爱人民的崇高道德风尚和无私奉献精神。

翁文波先生的一生是为人民、为祖国无私奉献、鞠躬尽瘁、奋斗不息的一生！他的精神，他的品德，他的情操，永远是我们学习的楷模！（摘自翁文波预测科学网）

这已经充分地证明了，预测是可行的，预测不是歪理学说，是科学最主要的方法之一。但在股市里，经常被贬得一文不值，请大家不要人云亦云、道听途说。把我们的思想无限的打开，能够体会到这个市场的包容性，我推荐你看一下翁文波先生的《预测论基础》。

·························· 作者点评 ··························

翁文波先生的《预测论基础》确实是一本好书，你会发现"这个世界很有趣"，当我看完这本书时最大的一个感受是，人类对数学的理解，也许都不到 5%，我们有太多未知的领域。你会看到他如何预测天灾、元素周期表，如何预测行星，这些可能在你会看起来觉得很神奇。数字是上帝身体的语言，数字是最简单的美。

我曾经有一阵子非常痴迷于可公度数，还找人编程了二元、三元、四元，虽然我始终无法解开我心中的困惑：可公度数在金融市场里的应用，问题最大的是取值问题，天灾预测是有具体时间的，可是股市的高或低有很大的人为判断而并非公允取值。你错了一个周期，数字上的变化就会很大，后来我放弃了。因为小周期的随机性比较强，大周期我们的历史数据又不足。

但我非常感谢我能看到《预测论基础》这本书，原因有两点：

1. 十年后的今天我依旧坚持对未来的预测，比方说我判断高点或低点，会预测高点或低点的级别，后续会持续多久，级别有多大，速度快不快等等。预测并不可能是百分之百正确的，但他的作用非常明显，它起到了大局观的作用，这非常重要。然后我会在行情的演变过程中，去发现哪里预测是不对的，问题在哪儿，下次应该怎么处理。

2. 因为我当年迫切地想知道可公度数在资本市场里的应用，但我十分清楚，二元还可以手算，但三元、四元要比二元难度系数成几何倍数，我必须借助工具。十年后今天的我，拥有强大的技术开发团队和产品团队，我已经给自己配备了科技的力量，来不断地研发金融决策辅助工具。

2007 年 10 月 24 日

击败索罗斯的数量分析家西蒙斯

谁是 2005 年收入最高的"打工者"？是华尔街薪酬最高的金融家？高盛前行政总裁鲍尔森（Henry M. PaulsonJr.）去年的薪金收入是 3830 万美元，加上股票期权近 1 亿美元。还是世界 500 强的行政总裁？去年《福布斯》排行榜中最赚钱的行政总裁是第一资本金融公司（Capital One Financial Corp.）的掌门人费尔班克（Richard Fairbank），一年进账 2.5 亿美元。

答案是以上皆非。根据投资杂志《机构投资者的阿尔法》（Institutional Investor's Alpha）报道，2005 年年度收入最高的是文艺复兴科技公司（Renaissance Technologies Corp.）的主席西蒙斯（James H. Simons），年收入高达 15 亿美元，闻名全球的投机大鳄索罗斯（George Soros）则只排第三，年收入达 8.4 亿美元。

或许你对西蒙斯这个名字很陌生，即使是在华尔街专业从事投资基金的人，也很少听说过西蒙斯和他的文艺复兴科技公司。虽然行事低调且不为外人所知，但无论是从毛回报率还是净回报率计算，西蒙斯都是这个地球上最伟大的对冲基金经理之一。

经历了 1998 年俄罗斯债券危机和 2001 年高科技股泡沫危机，许多曾经闻名遐迩的对冲基金经理都走向衰落。罗伯逊（Julian Robertson）关闭了老虎基金，梅利韦瑟的（John Meriwether）的长期资本管理公司几乎破产，索罗斯的量子基金也大幅缩水。

与之相比，西蒙斯的大奖章基金的平均年净回报率则高达 34%。从 1988 成立到 1999 年 12 月，大奖章基金总共获得了 2478.6% 的净回报率，是同时期中的第一名；第二名是索罗斯的量子基金，有 1710.1% 的回报；而同期的标准普尔指数仅是 9.6%。不过，文艺复兴科技公司所收取的费用，更高得令人咋舌。一般对冲基金的管理费及利润分成的比率分别为 2% 和 20%。但文艺复兴所收取的费用分别为 5% 和 44%，几乎与客户对分利润，怪不得西蒙斯的年薪能高达 15 亿美元。

西蒙斯生于波士顿郊区牛顿镇，是一个制鞋厂老板的儿子，3 岁就立志成为数学家。从牛顿高中毕业后，他进入麻省理工大学，从师于著名的数学家安布罗斯（Warren. Ambrose）和辛格（I. M. Singer）。1958 年，他获得了学士学位，仅仅三年后，他就拿到了加州大学伯克利分校的博士学位，一年后他成为哈佛大学的数学系教授。西蒙斯很早就与投资结下缘份，在 1961 年，他和麻省理工大学的同学投资于哥伦比亚地砖和管线公司；在伯克利，他尝试做股票交易，但是交易结果并不太好。

1964 年，他离开了大学校园，进入美国国防部下属的一个非盈利组织——国防逻辑分析协会，并进行代码破解工作。没过多久，《时代周刊》上关于越南战争的残酷报道让他意识到，他的工作实际上正在帮助美军在越南的军事行动，反战的他于是向《新闻周刊》写信说应该结束战争。当他把他的反战想法告诉老板，很自然的被解雇了。

他又回到了学术界，成为纽约州立石溪大学（Stony Brook University）的数学系主任，在那里做了 8 年的纯数学研究。1974 年，他与陈省身联合发表了著名的论文《典型群和几何不变式》，创立了著名的 Chern-Simons 理论，该几何理论对理论物理学具有重要意义，广泛应用于从超引力到黑洞。1976 年，西蒙斯获得了每 5 年一次的全美数学科学维布伦（Veblen）奖金，这是数学世界里的最高荣耀。

在理论研究之余，他开始醉心于股票和期货交易。1978 年，他离开石溪大学创立私人投资基金 Limroy，该基金投资领域广泛，涉及从风险投资到外汇交易；最初主要采用基本面分析方法，例如通过分析美联储货币政策和利率走向来判断市场价格走势。

十年后，西蒙斯决定成立一个纯粹交易的对冲基金。他关闭了 Limroy，并在 1988 年 3 月成立了大奖章基金，最初主要涉及期货交易。1988 年该基金盈利 8.8%，1989 年则开始亏损，西蒙斯不得不在 1989 年 6 月停止交易。在接下来的 6 个月中，西蒙斯和普林斯顿大学的数学家勒费尔（Henry Larufer）**重新开发了交易策略，并从基本面分析转向数量分析。**

大奖章基金主要通过研究市场历史数据来发现统计相关性，以预测期货、货币、股票市场的短期运动，并通过数千次快速的日内短线交易来捕捉稍纵即逝的市场机会，交易量之大甚至有时能占到整个 NASDAQ 交易量的 10%。当交易开始，交易模型决定买卖品种和时机，20 名交易员则遵守指令在短时间内大量地交易各种美国和海外的期货，包括商品期货、金融期货、股票和债券。但在某些特定情况下，比如市场处在极端波动的时候，交易会切换到手工状态。

经过几年眩目的增长，大奖章基金在 1993 年达到 2.7 亿美元，并开始停止接受新资金。1994 年，文艺复兴科技公司由 12 个雇员增加到 36 个，并交易 40 种的金融产品。现在，公司有

150 个雇员，交易 60 种金融产品，基金规模则有 50 亿美元。在 150 名雇员中有 1/3 是拥有自然科学博士学位的顶尖科学家，涵盖数学、理论物理学、量子物理学和统计学等领域。该公司既不从商学院中雇用职员，也不从华尔街雇用职员，这在美国投资公司中几乎是独一无二的。

当我提出"数字化定量分析"的时候，有很多人质疑方法的实盘可行性，大资金的运作能力，以及是否有人在此领域取得成功。现今的全世界基金收益最快的早已经不是巴菲特和索罗斯，而是数量分析大师西蒙斯。这已经证明了数字化定量分析的可行性。

-------------------------------- 作者点评 --------------------------------

我在提出一个思想的时候，需要佐证来证明这个思想的可行性，我看的书很杂，并不都是证券方面的，虽然我一开始就认为哲学、数学、统计学、群体行为学等知识对证券市场交易有很大的帮助，但当我讲这些的时候，依旧会被人觉得是"不务正业"。我需要一个成功的案例来佐证，因为探索的过程中最大的一关是"怀疑"，尤其是当你陷入困境的时候。

十年前我已经十分清楚，我们的大多数投资者所掌握的金融投资方法和理论已经全面落伍了，当我提出《数字化定量分析》这一个全新的理论时，因为它太新了，至少在当时太新了，很多人都不屑于顾。其实这也不意外，我本人在研究这个部分的时候也面临同样的问题，我知道将来也会有很多人也会面临这个问题，就是怀疑。

比方说你知道这座山里一定有金矿，但你没有挖到，和你不确定这座山里是否有金矿你没有挖到，是完全不一样的；你做一道肯定有解的难题和你做一道不知道有没有解的难题，也是完全不一样的。数字化定量分析这个方向行不行，就要看这个领域有没有成功的先例，这篇文章的意义在于，不仅有成功的先例，而且是最近 20 年大规模资金交易领域这个世界上收益最高、最好的。

上一篇文章，翁文波的《预测论基础》如果你看了，你也不会在股市能不能预测这件事上过于纠结了，因为证明天鹅不都是白色的最好的方法是把一只黑天鹅找出来，证伪。

2007 年 12 月 4 日

投资股市的正确程序

正常的投资程序应该是这样的：

1. **进行小规模交易，深入了解市场。**

2. **认知游戏规则，获取专业知识，构建操作系统。**

3. **进行大规模交易，使资金升值。**

结果很多人反着操作，一上来在完全不懂的情况下，先弄 100 万来玩玩。赔了之后发现自己的专业知识不够，决策能力不强，开始发奋学习专业知识和操盘技巧。越学越发现"水深"，反而开始谨慎了，不敢大规模操作了，心会怯、手会抖。即使有行情，怕也很难掌握好。所以，有时候我们还是要按照程序的较好。

2005 年初，一个朋友投资股票从 600 万亏到了 150 万，他信誓旦旦跟我说了一句话，回本肯定不玩了，上周给他打了一个电话，能肯定的是他违背誓言了。第一他回本了，前一阵子而且还赚了很多；第二他还在玩，现在又赔了不少。

估计很多投资者，都有这种经历，资金就像过山车一样。所以我们现在出现的盈利或亏损，只能称之为浮动盈利或浮动亏损。**除非你不玩了，否则没有绝对的输和赢。**既然没有绝对的输赢，何必把它看得太重呢？玩过的，将来真的舍得不玩吗？基金盈利的水平在大部分股民之上，那为什么还有那么多的人在自己炒呢？我认为有两个原因：①的确有成功者和赚钱效应；②也有自己操作的驾驭感和满足感。

---------------------------◆ 作者点评 ◆---------------------------

这篇文章虽然比较短，确实很好玩也很值得思考。

我用了一个事来表达两层意思，这件事是曾经巨亏说好了回本就不玩的投资者，回本了还在玩，继续玩之后，大赚过也巨亏过，听说后来又是大赚，2015 年股灾不知道如何了。所以我说，除非你不玩了，离开市场，否则没有绝对的输赢。

请注意我用的是玩，而不是投资。这是因为大部分人真的喜欢那种炒股票的感觉。主要原因有两点：首先是有很多现实的身边的成功者和赚钱效应，但我认为多数人只喜欢说赚钱的经历不喜欢说赔钱的经历，只喜欢谈过五关斩六将，不提走麦城。所以你听到的或见到的，并不一定是真相。其次，交易有交易的乐趣，因为有了盈亏，就有了心理的兴趣和牵挂。交易有了娱乐属性，就像你不会找人帮你打麻将一样，也就不难理解为什么你不会找人帮你做交易。不同点是，你打麻将时想过要靠麻将发家致富吗？打麻将更像是一种娱乐消费，而做交易则像是一种娱乐投资。所以理论上也是做交易更值得提倡，因为如果你有了娱乐属性，感受到了快乐，同时你又有投资收益，不就两全其美了。

可是有一部分人，投资出现了亏损，所以娱乐属性也就大幅降低，甚至没有快乐只有苦恼。所以要想改变，要想达到期待的标准，其实顺序是不能乱的。

我又给了正确的顺序：

1. 进行小规模交易，深入了解市场。

2. 认知游戏规则，获取专业知识，构建操作系统。

3. 进行大规模交易，使资金升值。

请注意这个顺序，有些人会认为应该先了解先学习，再实战，哪怕是很小的交易。这么说，听起来好像很有道理，充分的尊重交易和尊重实战，但没有尊重学习。证券交易有极强的专业属性，打麻将你也得有输赢才有乐趣，没有小规模的实战，没有乐趣的加持，学习会枯燥乏味很多。我这些年一直做投资者教育，至今也一直在做，我从没有觉得收一些培训费是不对的，你不信你去免费地学英语和交了费之后学英语，就算是教材和演讲水平是一样的，效果也是不同。

很多人并不注重这个顺序，甚至是完全相反的，直接上来就拿出全部资金大规模进行交易，这跟你不会游泳就跳进深水区有什么区别？

2008 年

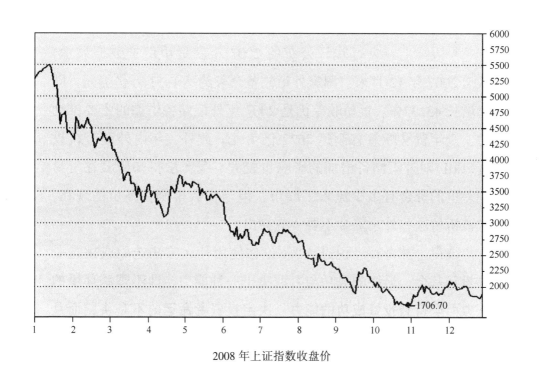

2008 年上证指数收盘价

2008 年

2008 年 1 月 12 日

买其所值，卖其疯狂

今天早上，央行昨日公布的 2007 年度货币信贷数据显示，截至 2007 年 12 月末，国家外汇储备余额约达 1.53 万亿美元，同比增长 43.32%。贸易顺差仍是 2007 年外汇储备增加的主要推动力，全年贸易顺差总额达 2622 亿美元。此外，年内外商直接投资（FDI）对外汇储备增加的影响也较大。我无法得知隐藏在贸易顺差里的资金有多少流入了股市，但当指数徘徊在高位的现在，应该祈祷这些外来资金不要一齐撤出。

彼得·林奇曾经说过："不论你使用什么方法选股或挑选股票投资基金，最终的成功与否取决于一种能力，**即不理睬环境的压力而坚持到投资成功的能力；决定投资者命运的不是头脑而是耐力**。敏感的投资者，不管他多么的聪明，往往经受不住命运不经意的打击，而被赶出市场。"

上证指数走到了今天，仍然处于非常活跃的时期，尽管我们能够在市场里感觉到利润不再像一周前那样好赚了。大盘仍然在小心翼翼中震荡上行，这个词已经是第二次用了，形容现在的大盘很贴切。现在的个股，我形容它有点像"鸡肋"。意思是指，大部分个股都到了上升周期的末端，可能还有一冲，但这最后的上涨是食之无味，弃之可惜。我不喜欢，所以我卖掉了，**买其所值、卖其疯狂**。

周一操作策略：

大盘的操作策略这几天其实并没有什么不同。日线运行的上升周期与 6124 点至 4778 点形成的下降周期完成对称，这个地方构筑顶部的概率较大，至少要形成一个风险的意识。下跌用了 31 个交易日，到周一就正好是第 31 天，看看下周时间有什么样的动作吧。如果能够平稳度过这个周期，代表整个大的上升趋势的推动力极强，过 6124 点的可能性大大增加。假设这个地方受到大的阻力而形成大的转折点，那么毕竟只是从 6124 点下跌到 4778 之后反弹了 50% 的位置，因此无法称得上强势反弹（61.8%），后市并不乐观。后市我们无法预知，那么我并不打算把命运交给不确定性太多的市场环境，所以我在敏感的时间点先出了，看看再说。

原配图（2008011201）

后配图(2008011202)

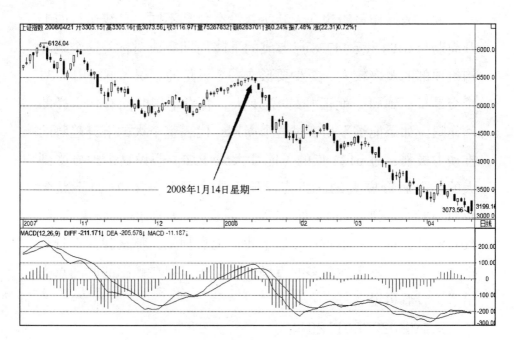

上证指数 2008/04/21 升3305.15↑高3305.16↑低3073.56↓收3116.97↓量75287832↑额8283701↑换0.24% 振7.48% 涨(22.31)0.72%↑

6124.04

2008年1月14日星期一

3073.56   3199.16

2007   11   12   2008   02   03   04   日线

MACD(12,26,9) DIFF -211.171↓ DEA -205.578↓ MACD -11.187↓

+ + + + + + + + + + + 作者点评 + + + + + + + + + + +

　　2008 年 1 月开始我就用极简的文章标题：周 X (比如是下周一) 操作策略。最开始只有我这么起标题，因为我不喜欢标题党，觉得 LOW。但大众是喜欢标题党的，所以我虽然并不喜欢但能理解，只是我不这么做而已。我坚持这个简单的标题，坚持了十年，你现在会发现有很多人都在用周 X 操作策略或类似的标题了。我用十年的坚持，来引领"潮流"。

　　本文我加重了两句话，第一句是不理睬环境的压力而坚持规则，决定命运的不是头脑而是耐力；第二句是买其所值、卖其疯狂。十年前我认为第二句更重要，十年后的我，却认为第一句更重要，这个细微的变化代表了十年的经历、十年的感悟和十年的进步。

关于行情因为我都是讲些未来，当时写这篇文章的时候是周六，提前两天写周一操作策略，现在我写周一操作策略一般会在周日，因为周末可能会有一些未知的变化。我卖出的理由是时间的直接对称，下跌用了 31 个交易日，反弹用了 30 个交易日了，时间进入到对称节点。速度很弱，除了时间需要量化的标准，强弱也需要量化的标准。

我给了结果，并且给了得出这个结果的分析过程，这一点也是坚持十年未变。

 2008 年 1 月 30 日

关于知行合一

昨天看了一下新浪财经和中证报共同做的投资者联合多空调查，看到了一个很常见但大家并不重视的问题，我认为是非常大的问题。

调查结果显示：56% 的投资者看空次日大盘的走势，但 70% 的投资者持有 75% 以上的仓位，55% 以上的居然是满仓。这个调查结果显示，我们能够看出来现在是下降趋势，而且大部分人也能够看出来短线也是大盘偏空，但仓位仍然比较重，甚至是满仓。**"看对"而无法"做对"，"知""行"无法合一。**

"看对"与"做对"的关系：

1. **市场分为"看对"和"做对"，分析的正确是"看对"的部分，严格地按照交易计划执行是"做对"的部分。**

2. **每次都分析正确即"看对"是根本不可能的，成功率只是概率问题。**

3. **每次都严格地按照交易计划和既定的方案执行，即"做对"是能够做到的，需要培养坚韧的交易性格。**

4. **亏损的交易未必是错误的交易(比方说止损)，而盈利的交易也并非是正确的交易(靠运气，蒙的)。**

5. **"看对"需要知识的运用，"做对"则需要性格的磨炼。**

6. **"看对"而不做叫"白看"，"看错"而做对叫运气；"看错"而做错叫愚蠢，"看对"而"做对"叫专业。**

7. **"看对"的本事只能提高，没有完美；"做对"的本事需要坚持与信念。**

8. **有时候既"看对"又"做对"未必是盈利的(但可以减少损失)，长时间既"看对"又"做对"能获得稳定的投资收益，核心就是四个字：知行合一。**

作者点评

这里所说的知行合一并不是王阳明的知行合一，王大人的知，更多的是良知的知，而我所要表达的意思里，知行合一的知是认知的知。后来我看到联想笔记本的广告"思行合一"，我认为在交易里还是不如"知行合一"简单而准确。

这是我首谈知行合一，并且列举了看对与做对的辩证关系。

十年后看到这些当年做的辩证关系，仍然认为是准确的，甚至没有需要深入解释的地方，表达上通俗易懂，我把全文几乎都加重了，没有突出重点。

因为，全是重点。

 2008 年 2 月 26 日

草根的力量

在北京开车的时候，我总听 1039 交通台，因为里边的主持人特逗。节目中穿插了很多广告，有的还很气人。其中有个卖海景房的广告词："有人在加班，有人在海边"，我怎么听都别扭，这不是挑拨社会矛盾吗！后来我就和几个朋友一起，每次在听到这条广告的时候，就发短信提意见。结果几个星期之后，广告词改成了："有人在后海边，有人在海边"了。

哈哈！

近期我在做公开的电视或网络节目的时候，多次就中国平安再融资事件发表强烈的谴责，其实我知道，我说了也没什么大用。但每人一小步，社会一大步的道理我懂。现在网上网下对巨额再融资巨大的反应正是由于每一个人的参与才得出的结果。今天管理层终于就增发这个问题表态了，这代表大家的呼吁受到了关注，得到了回报。

这就是草根的力量，勿以恶小而为之，勿以善小而不为。

作为一个市场人士，应该要有对市场的责任与担当。这也是为什么多年以后，我能就股指期货机构套期保值失衡（2012年）和杠杆资金可能踩踏引发断崖式下跌（2015年），还有好多问题，多次给管理层提建议或意见。当然大部分都没怎么理我，但我如果今后再遇到我认为有问题的地方，还是会提的，这可能跟性格有关系。

说两个年轻时见义勇为的糗事。

一次是有个老太太骑电动车，把一个骑自行车的中年男子刮倒了，中年男子手出了点血，这个老太太确实不太对，也不道歉说话，很不太讲理，本来对这个老太太没有太好的印象。结果后面上来一个人，是这个中年男人的弟弟，光着膀子一身酒味。上来就是一拳，打得非常重，打得老太太直接倒下，满脸流血。之前吵架的时候，围观的群众就已经很多了，包括我在内也被这突如其来的情况惊呆了。然后这俩人要跑，老太太就抱住打人者的腿，结果，就打得更狠了，非常惨。

我当时一个人，还拿着很大的东西，也确实犹豫了，因为我自己打不过那两个人，这是自我保护的问题。那时的我可能太年轻，其实成年人打架，不是打不打得过的问题，是应不应该打的问题。后来有个大哥看不下去了，在他的带领下，我们几个围观的都上了手，打了起来。再后来警察来了，把我们都带到警察局，录了口供之后奖励我一盒烟，算是见义勇为安慰奖。

我还不会抽烟，没要。

还有一次也是在马路上，我在路过一辆面包车的时候，车门突然打开，我就是随意看了一眼，车里坐了5、6个男的，还有两个人拿了两把尖刀，然后瞬间车门就关上了。我脑子里瞬间闪过很多香港警匪大片，绑架？行凶？看样子还没得手，这事既然遇到了，我得管。

偷偷记下车牌，打电话报警，然后绕回去，盯着这辆车，直到警察到来。警察来了很多人，直接把这辆车连人带车给控制住了。我要过去看看什么事，被警察拦住了，不准过去。我说是我报的案，就让我过去了。

结果，人家是沙发厂的工人，拿的刀是工具刀。糗不糗？

我当时十分尴尬，还觉得很抱歉，因为浪费了警力还耽误了人家的工作。

这两件事我也在学员区里跟学员们分享过，我说我就是这样的性格，很多事遇不到也就算了，遇到了一定是要管的。我还说我这样的性格，再加上这么胖，必活不长久。结果一大堆学员告诉我别乱说，让我呸呸呸。

其实我并不在意能活多久，而是希望在活着的时候，能活的足够精彩。

自信人生一百年，会当纵横九万里。

2008 年 3 月 26 日

信乐团的《海阔天空》

我曾怀疑我走在沙漠中
从不结果无论种什么梦
才张开翅膀风却便沉默
习惯伤痛能不能算收获

庆幸的是我一直没回头
终于发现真的是有绿洲
每把汗流了生命变的厚重
走出沮丧才看见新宇宙
海阔天空在勇敢以后
要拿执着将命运的锁打破
冷漠的人
谢谢你们曾经看轻我
让我不低头更精采地活

凌晨的窗口失眠整夜以后
看着黎明从云里抬起了头
日落是沉潜 日出是成熟
只要是光一定会灿烂的

海阔天空狂风暴雨以后

转过头对旧心酸一笑而过

最懂我的人

谢谢一路默默地陪我

让我拥有好故事可以说

看未来一步步来了

信:将来不管发生任何事情,我都会勇敢的,唱下去!

————————————— 作者点评 —————————————

　　大家可能会觉得很奇怪,怎么我突然在博客里发了这样的一篇文章,就是一首歌的歌词。

　　这是我最喜欢的一首歌和最喜欢的歌手,我认为这首歌里拥有非常强大的信念,当时的行情背景是 2008 年中国股市最近 20年里最大的下跌之年,行情从 6124 点跌到了 1664 点,这个连续的下跌里,很多投资者非常痛苦。那一年要比 2015 年股灾更惨烈,2015 年指数从 5178 点跌到 2638 点,2008 年指数从 6124 点跌到 1664 点,空间上差别就很大;2015 年的股灾三波下跌,中间至少有两波比较强劲的反弹,2008 年的下跌,单边跌中间除了政策性利好产生的短暂的反弹以外,几乎没有反弹。所以后来我说,经历过 2008 年的投资者,才算经历过真正惨烈的下跌,而还能生存下来的,基本都是浴火重生般的洗礼,只要不过分的激进,股市再很少有行情能够击垮这些人。

　　所以 2008 那一年的惨烈,我曾经用四个字来形容:下跌诛心。不仅要下跌，还要诛你的心，让你心死。那一年已经超越很多分析方法的范畴，直接击溃人的承受底线，精神上和信心上受到了严重的打击。那一年我经常发这首信乐团的《海阔天空》的歌词，我觉得这首歌特别有力量和信念。如果你无望了，就是输定了，只要你还有反败为胜的信念，就肯定有机会。

海阔天空，在勇敢以后，要用执着，将命运的锁打破。

再说一些关于苏见信(信乐团的主唱)的一些事情。我以前很喜欢一个节目，当初叫做《我是歌手》，现在叫做《歌手》，是一档歌手的竞演节目，我几乎每一期都不落，音乐有一种特殊的魅力。突然有一期，苏见信来了，我自然是特别的高兴，最喜欢的人来最喜欢的节目了。

苏见信的嗓子非常有穿透力，他的高音其实唱什么歌都游刃有余，但他唯独喜欢摇滚，我也喜欢摇滚，因为喜欢他而喜欢摇滚乐。但我承认摇滚是小众的，尤其是重金属摇滚，我知道他可能并不如其他歌手那样受500名现场听众的支持与欢迎。

而且他没有选任何一首耳熟能详的老歌，来引起听众心中的共鸣，他选的歌都太冷了，以至于好多次都是排名垫底。我之前也会给歌手们打打分，看我心中的排名跟最后的竞演排名区别有多大，我一直觉得我打的分还是很准的。之前几场比赛，他选歌的问题，所以排名垫底是正常的，但是直到那一期他唱了美国老牌摇滚蝎子乐队的《Still loving you》，他唱完之后，我知道他用了全部的力量，他开始认真了。在我心里和所有竞演歌手心里他就是第一，结果成绩好像是第四，大失所望。

后来几场他被淘汰了，淘汰之前，他在采访中说，不要因为他个人表现不好，而影响到摇滚乐，摇滚是那么的有力量。说的很无助很无奈，那么大的一个人蜷缩在那里，当时我很心疼。我告诉自己，如果《我是歌手》淘汰了他，我就不再看这个节目了，后来他真的被淘汰了，我也真的没有再看任何一期直播的《我是歌手》或《歌手》，热情已死。

这对于苏见信来讲未必是坏事，作为他的铁粉，我希望他只唱给喜欢他欣赏他的人听。所以我写《十年》这本书是思想类的，不会像方法类的那么受欢迎，但没有关系，我只希望能够写给喜欢我欣赏我的人看。我的培训课也只想讲给喜欢我欣赏我的人听，人的一生很短暂，做自己喜欢的事，这就够了。

当年微博可以塞红包，有人给我塞红包，但我是拿不到的，我的粉丝可以抢。那一年我给苏见信塞了一个 8888 元的大红包，占了给他塞红包的全部额度的 80%，让他的粉丝们抢。其实我知道他不会因为竞演失利受什么影响，我主要是想安慰一下欣赏他心疼他的粉丝们。因为他这个人啊，从来都不是一帆风顺的，当过街头歌手还卖过盒饭，30 多岁才出道已经非常晚了，他曾经说他一直没什么自信，除了在唱歌的时候。有一次拿新歌《天高地厚》给唱片公司，被唱片公司嘲笑，人家五月天叫信，你也叫信。他从唱片公司出来，直接把唱片扔到门口的垃圾桶里，坐在路边抽了几根烟，然后再把唱片在垃圾里找出来，继续他的音乐理想。

你们说这样经历的人，还会怕什么？后来他的《海阔天空》和蝎子乐队原唱《Still loving you》都成了我每天下午语音课之前的开场音乐，我也时常跟学员们讲他和他的歌，讲摇滚乐。

精神永在，摇滚不死。

2008 年 5 月 28 日

要选择适合自己的路

交易是需要一种决断能力的，这种决断能力，是综合市场内部和外部多重原因之后的结果，是一种接收信息、整理信息、得出结论的过程。最终我们会得到一个决定我们最终交易的结论，它起到绝对作用。

每个人的性格、爱好、交易习惯、知识体系、心理承受能力等等，是不同的，即使获取的是同样的外界信息，他们得出的结论也不相同。打个比方说，本次地震的时间是 14 时 28 分，当时是在交易时间内。这个消息传到一些敏感的炒手里，一部分人因恐慌而卖出，一部分人马上把股票换到医药、交通运输、水泥等行业。

从大的方向上，人们习惯于把股市分为政策派、消息派、基本派、技术派。既然形成不同的派别，就代表了各有适用和喜欢这个派别的群体。我是技术派，但我不否定其他分析方法的有效性。存在就有道理，政策派、消息派、基本派能够在这个市场上形成这么长的时间，就一定有其独到的方面。

而我认为，最适合自己的方法才是最好的方法。博客里，我也很少提及政策、基本面或消息。我没有时间和经历照顾到各个方面，我想大家大多也是这样。所以投入到这个市场里的投资者，并不在于你是否学的东西足够多、足够广，而在于是否找到一条最适合自己的路，并且坚定不移地走下去，把这条路走得足够远、足够深。

记得有一次我参加了央视 2 的对话节目，正好是出降税政策，那次谈论最多的就是，出利好导致股市大幅度上涨，谈论的多了，就成了事实。我没怎么插嘴，因为我就并不认为中国股市是政策市。

2001 年到 2005 年熊市期间出了很多实质性的重大利好：暂停国有股减持股市涨停，停止国有股减持股市涨停，多次降交易手续费包括印花税和交易佣金，大力发展机构投资者等等。这些都是实实在在的利好，但大盘的反应呢？没有停止下跌的步伐，照样跌了四年，跌到 998 点。怎么没有人提政策底呢？如果降税大盘筑了底，那么 2007 年 5 月 30 日加税的时候，怎么没有人说是政策顶呢？为什么政策没有阻止大盘从 4300 再上到 6100 点？

当时节目现场我只说了一句我不认为中国股市是政策市，没有多说，是因为几乎所有人都认为中国股市是政策市，没有人怀疑是不是政策市，甚至讨论的核心不在于是不是政策市的问题，而是政策为什么迟迟才来的问题。我当时很无语，提前退场了，但我是为了赶飞机，并不是因为大家不认同我愤然离场，嘿嘿。我不在乎是否有人同意我的观点，我深知我走不了政策派的路，量化分析是最适合我的。

所以真正的自信，无需别人的认可。

· + · + · + · + · + · + · + · + · + · + · + · + · + · + 作者点评 + · + · + · + · + · + · + · + · + · + · + · + · + · + ·

我在最开始研究这个市场的时候，就面临了要选择哪个研究方向的问题，主流的有基本面派、技术分析派、政策派、消息派等。

消息派首先就被我排除了，那时候还没有现在监管这么严格，消息满天飞，很多资金的盈利模式就是内幕交易，资金和上市公司大股东关系很暧昧，暧昧这两个字足以说明问题了吧。普通投资者在个股上听消息是很吃亏的，原因很简单：人为刀俎我为鱼肉。大股东或上市公司的实际控制人会有选择地往出放消息，后来徐翔案出了之后才有所收敛，但大家可以仔细地研究一下徐翔案，你会明白很多上市公司在什么样的位置公布什么样的消息，这里面很多的内情，这是绝好的教科书式的风险教育。

市场上还有三正一反的个股消息，就是先告诉你三只赚钱的消息股，再告诉你一只赔钱的消息股，逻辑是：第一只你当玩笑看看，结果涨了，你将信将疑；再告诉你第二只，又涨了，你重视了一些，有一点相信了；再告诉你第三只，又涨了，你完全相信甚至有些当成财神爷；第四只是一个反的消息，开始消费你的信任，会大亏的那种。

当然这并不是消息派的全部，比方说即时消息的解读，这里也会有很深的学问。主力炒热点也是属于市场消息的解读，比方说禽流感主力会马上联想到医药股；国际安全局势不稳马上联想到国防军工；国际股指大幅下跌马上联想到黄金股。但这些消息有很明显的随机性，当时我还没有能力去处理这些消息，十年后的现在已经有能力了，后面会介绍怎么处理，这里不进行大篇幅描述。总之在当时，我觉得消息派不能走，有很强的随机性、无法辨别真伪性和内幕交易的危险性。

政策派，我一开始就没想过，根本原因当时还不是去辩证中国股市是不是政策市的问题，而是政策我们普通人只能听之任之，又无力改变什么，研究得再深有什么用呢？你要做研究，也要选一个你可以通过自己的努力能改变什么的方向，这样的研究才有价值，这样的付出才有意义。而中国股市是不是政策市，很难证实更难证伪，你解读出来的政策是不是正确的答案也没有评判的标准。所以，最喜欢解读政策是经济学家或政府智囊，这也不是我要选择的研究方向。

基本面分析是市场研究的主流，这个研究方向我思考过，在理论上是绝对没有问题的，身边和市场上有很多成功的案例。但基本面分析的这条路，会非常辛苦，几千只股票你要是想深入地研究个股基本面、行业基本面是非常庞大的工作量。券商为了解决这个问题，研究员也要分行业，所以如果个人不分行业的走基本面分析，是一条不归之路。当时我是这么认为的，十年之后的我，同样认为基本面分析也是很有前途的，但只有专注才有机会，把某一个行业研究透，然后你只做这个行业的股票是一个好的方法，只不过这条路比较慢，也需要十年磨一剑的耐力和精神。

最后我选择了技术分析派，量化分析是技术分析的一种，技术分析说白了就是从市场过去的走势里提取有价值的信息，技术分析相信"价格是包容一切的"，我觉得这句话是我最终选择技术分析的一大重要原因。就是基本派、政策派、消息派不管什么样的事情，都会最终反映在价格上，如果我们深度地研究价格的图表走势，就能一劳永逸的解决问题。

当然在我深入的研究进去之后，发现并没有开始想的那么简单，后来又细化了技术分析的研究方向，就是现在的量化分析，我叫它做数字化定量分析。我对数字很敏感，我很庆幸当初选择了技术分析这个方向，它对比基本面分析是小众的，但确实更适合我，就算我选了基本面分析的方向，而且就算我做的非常优秀，也绝没有技术分析派这么轻松。在技术分析的这条路上，我找到了自己的定位，并能够在这个过程里，感受到快乐。

俗话说，女怕嫁错郎，男怕入错行，能从事自己喜欢的事情，是一种幸福。

 2008 年 7 月 20 日

交易是一种艺术，交易是一个过程

今天来谈谈交易吧，这些年来感受最多的就是交易之路。它比我们想的更加有难度，同时充满了机会与挑战。人性的弱点：恐惧与贪婪，在交易面前无所遁形。那么在我眼中，什么是交易？答案：**交易是一种艺术，交易是一个过程。**

在我们这个大的社会群体里，每个行业都有这个行业的精英。这些精英，可以把生意做得很好，可以协调多方面复杂的关系网，但他却未必做得好交易。交易是一门大学问，他融合了宏观的诸如数学、哲学、现象、规律等，也融合了微观的诸如政策、消息、技术、题材、时间、空间、结构、趋势、位置、形态等等。所以要想在交易上取得成功，并不是一件轻松而容易的事情，至少做交易的难度并不比做生意更小。

而且交易之路并没有标准答案，不同的人应用于同一方法，效果都是大不相同的。举个例子，在 6124 点到现在，我是盈利的。但我也知道大多数人是亏损的，并且损失惨重。那么面对同样的市场，同样的操作手法，同样的市场分析和判断，依旧有可能出现不同的结果。

比如说，2566 操作的这波行情的止盈出局。我就很有信心再等一个低点再入，由于我是盈利的所以没有踏空的担心。但已经大幅亏损的，在这个比较低点位出局，他是无法接受大盘哪怕一个小时段的持续的上涨，巨大的、恐惧踏空的心理压力，压着他在当天或次日就得再买回来。对于这样的投资者来讲，绝对空仓的日子，要比满仓更加的难熬。这就已经超出了技术分析的范畴，我能理解，所以我并不提倡重仓并且大幅亏损的投资者，学习我们做短线交易，这并不可取。

就算我们的赢亏幅度是一样的，操盘资金的大小仍然会影响你的交易心态。你操盘 5 万、操盘 50 万、操盘 500 万心态是完全不同的。就像**同一根独木桥，放在地上你能够走过去，离地 10 米你就未必走得过去，离地 100 米基本都走不过去**。具体能走多高的独木桥，这要根据每个人的心理承受能力不同而不同，我们都是成熟的投资者，当然会知道在获取更大的收益之前，要考虑承担更大的风险。所以说，交易是一门艺术，真正了解的、理解的、读懂的人并不多。

当你入场的时候，你就将面临盈利或亏损。到目前为止我没有见到过 100% 进场就盈利的，所以不要回避亏损。**真正的高手，不会在出现判断和分析错误的时候，逃避、掩盖、置之不理。他会正视错误，并从错误中汲取交易的不足，因为不是指一次的输和赢，因为交易也是一个过程。**

当我们分析的时候，最终山峰上的目标是盈利。那么你无论用哪种方法只要能够到达这个山峰，都是正确的。究竟哪种方法更好，就要因人而异。你喜欢风险，那么你从陡峰去攀岩，距离成功快，你的危险也大。你喜欢稳健，那么你从缓峰慢慢走上去，收益慢但很安全。没有最好的交易之路，只有最适合自己的交易之路，我也经常建议大家，**坚持走自己的路，坚持自己走路**，你无法一开始就知道哪条路更适合自己，因为交易是一个过程。

就算在我们找到了路之后，你也有可能偏离你要去的目标，偏东了你要向西调整一下方向，偏南了你要向北调整一下。有的人路走得很顺，有的人路走得很坎坷，但你要知道你的目标在哪里，然后才能不断的调整，最终还是能够到达终点。在这个过程中，你会看见很多的人放弃了，在下山往回走，他们会影响到你，所以你需要一种信念，支持你爬上去的信念。

所以我经常说，一切基于信念。

+·+·+·+·+·+·+·+·+·+·+·+·+·+·+·+· 作者点评 +·+·+·+·+·+·+·+·+·+·+·+·+·+·+·+·+

1. 十年前我写交易是一种艺术交易是一个过程，当时并没有顺序，两个要表达的思想是平级的；十年后的我认为这两个是有顺序的，交易先是一个过程，才会是一种艺术。

我们通常所讲的艺术，是在某一个领域造诣极深的。比方说你形容某一张画，如果很普通，你只能称之为画，而不能称之为艺术；工业建筑或工业设计也是如此。如果你把交易能够当成一种艺术，应该在交易的理解上，有很深的造诣才行，而这必然地需要一个交易的过程。

2. 关于独木桥，我们确实可以想象一下，放在地面上你可能轻松就走过去了；离地 10 米，同样的独木桥，你的心理压力不同，你的身体会发生变化，不一定能走过去；离地 100 米，你知道风险代表了什么，就算你有能力走，你也不会走的。这就是我为什么不建议学员用杠杆、不建议借钱炒股的根本原因，你一旦用了资金杠杆，你的心理压力会很大，重压之下交易多半会走形，这需要极强的专业性和控制力。

杠杆会有依赖性，用上杠杆的人或用过杠杆的人，很难不再用杠杆。自控能力弱的人，杠杆会越用越大，风险就会越来越大，直到有一天你发现风险的时候，你根本无法控制这个风险。所以我从不鼓励或建议学员用杠杆，杠杆对很多人是一条，不归路。

3. 通往山顶的路，怎么走都不容易，但下山的路很容易。问题是你在感受到困难的时候，看到别人放弃下山往回走，这会或多或少的影响到你。这个时候你可能很无助，你需要一种信念来支撑你，放弃很容易，坚持才难。

4. "坚持走自己的路，坚持自己走路"，这句话听起来有点重复，但这句话有很深邃的思想。

坚持走自己的路是一种选择，我们不得不承认，有时候选择会大于努力。在错误的方向上，再怎么拼命的奔跑也是没有用的。我大学是学计算机应用专业的，毕业之后顺理成章地进入了 IT 行业，做电脑硬件销售。作为刚毕业的学生来讲，做得还算比较好，收入在当时也是比较高的。但我做了一段时间之后，判断做硬件销售没有太大的机会(这个眼光很超前了，后来在中关村出来的刘强东做了京东，革了中关村的命，而我当年的同事，几乎全部改行)，毅然地换到证券行业，我坚信证券行业巨大的投资和投机属性会给我机会。刚换行那会，收入大幅降低，所以家人是很反对的，父母还为此单独请我去饭店吃了顿饭，那顿饭是真难吃。

我告诉他们，这是我的选择，我不是鲁莽的、盲目的去换行业，我经过了认真深入的思考。如今我证券从业近20年了，我为自己当初能坚持走自己的路感到骄傲，我在这个行业里，实现了我曾经所有的理想。

坚持自己走路是一种态度，你要想出类拔萃，你需要亲力亲为，你要认识到别人对你的帮助和提高是有限的，你自己的学习和发展才是无限的。如果你能自己走，尽量不要依靠别人，走的过程中你会发现和遇到很多事情。你不要期待别人去拯救你，这明显不如期待你自己来拯救你自己。当你自己走，而取得成功，你才会有双脚坚实地踩在大地上的那种踏实的感觉。

 2008 年 9 月 17 日

左侧交易与右侧交易

闲来无事，跟大家谈谈关于左侧交易与右侧交易。

我们先了解一下什么是左侧交易和什么是右侧交易。看图：以价格为标的，极值点(最高点或最低点)做中轴线，在中轴线左边进行的交易，叫做左侧交易；在中轴线右边进行的交易，叫做右侧交易。

两种交易各有所长，各有适应人群。

左侧交易，在没有到达最低点之前逢低买入或没有到达最高点之前逢高卖出。容易把握交易细节，因为左侧交易并没有要求鱼头不许吃或鱼尾不许吃。这样交易的空间和获利的空间对比右侧交易理论上要大，但风险也要相对大一些。这也是它的缺点所在，即我们有可能买不到最低点，后面还有下跌。或卖不到最高点，后面还有上涨。

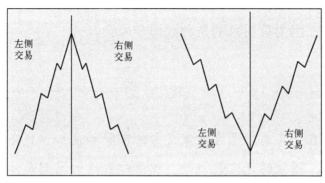

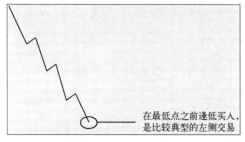

在最低点之前逢低买入，是比较典型的左侧交易

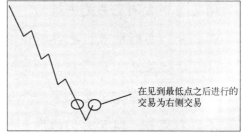

在见到最低点之后进行的交易为右侧交易

右侧交易，即等到最低点或高点到达之后再进行交易，它的优点是买在低点之后的新上升趋势的形成初期，或卖在高点之后的新下降趋势的形成初期。因为确定性更强，资金的抗风险能力会比较强，通常用在大资金交易里，因为大资金一般来讲，更注重风险控制，尤其是做的第一笔交易，尽量入场之后就有利润，

这样资金投入方就不会给资金操作方的压力太大。它的缺点是，无法买到最低点，也无法卖到最高点，这样市场的波动范围必须足够大，在熊市当中你如果选择右侧交易，容易出现买也错、卖也错的**左右挨打**的被动局面。

那么到底是左侧交易适合我们还是右侧交易适合我们呢？我认为要分规模资金和普通资金。做规模资金交易就像做生意一样，多喜欢低风险的，即不吃鱼头也不吃鱼尾的，选择波动范围大的确定机会进行"右侧交易"。普通的投资者，应该更适合进行左侧交易，因为首要目的是利润而非风险。

作者点评

这是我十年前对于左右侧交易的理解和认知，我当时表达的并不细腻，图做的也比较粗糙，但核心表达的思想是准确的，左侧交易和右侧交易是平级的，左侧交易和右侧交易没有业余和专业之分，各有所长，也各有适应的人群。

这仿佛又回到了前面所说的，最适合自己的才是最好的。

对于左右侧交易大家要先了解概念，什么是左侧交易，什么是右侧交易，以及它们的优点和缺点。十年后，现在的我做一个对于左右侧交易的思考和理解吧。

1. 对于大多数个人投资者来讲，左侧交易要比右侧交易更容易接受：左侧交易在交易的当时是能看到的"高位卖出"或"低位买入"，因为左侧交易距离高点或低点只会提前，卖早了或买早了。但在逻辑上只有后面有更优的位置，才能证明卖早了或买早了，而在交易的"当时"是明显属于低位买入和高位卖出，这明显会更受欢迎和更容易被接受。

2. 左侧交易容易出现完美交易。上面说左侧交易于最高点或最低点只会提前买早了或卖早了，右侧交易则反过来只会滞后不会提前。那也就代表，右侧交易永远都不可能做到完美交易（最低点买入或最高点卖出）。人们对完美的偏好其实超过了我之前的认知，这并非像开玩笑说处女座的人才追求完美，每个人心中或多或少都有完美主义倾向。左侧交易经常会遇到完美，而让你迷恋和怀念，这就是为什么 100 分和 99 分所差的 1 分与 99 分和 98 分所差的 1 分是不一样的，金牌和银牌的感觉也是不一样的。

3. 左侧交易的执行力更强。我长时间做投资者教育培训，跟广大的投资者每天都有深度交流，有非常深入的认识，大众是喜欢左侧交易的，我们必须考虑除了交易以外的可行性问题。比方说，最近的这几年，我非常深刻地感受到，再怎么提高逆境的纠错能力，也不如提高操作成功率，降低学员进入逆境的概率更靠谱。纠错是不得不纠错，而不是习惯于或喜欢纠错。就是考虑到左侧交易在操作当时属于类"完美交易"，大家更容易接受，所以我才多次使用双侧交易，即用序列或结构先左侧交易一部分，再用趋势右侧交易一部分。这里有很深的用意，因为直接提高了执行力。

4. 左侧交易震荡行情里胜率更大。文章里也指出了，右侧交易追求的是确定性，确定性就是以牺牲价格为基础的；左侧交易追求了更优的价格，同样是以牺牲确定性为基础的。右侧交易提倡不买最低点，也不卖最高点，不吃鱼头鱼尾只吃中间的确定性。但如果行情规模很小，比方说震荡行情，除了鱼头和鱼尾没有中间的部分，甚至中间是负值就会出现买也错、卖也错的左右挨打。然而震荡行情占了绝大多数的时间，所以，在绝大多数时间里，左侧交易的胜率更大。

5. 右侧交易能确保你不犯原则性错误。虽然绝大部分时间是震荡行情，可是你绝大部分的利润是在单边行情里赚到的。单边大涨你踏空和单边大跌你套牢都是"原则性错误"。所以，不管左侧交易有多么好，右侧交易的这一个好，就完成了超越。

6. 左右侧交易的"灵魂"在于：左右侧结合。只有左侧没有右侧，虽能常胜却没有不败之地；只有右侧没有左侧，虽立于不败之地，却会遍体鳞伤。左侧交易做得再好，没有右侧交易，你会有原则性错误，你的利润可能某一波全部归零。如果你的利润不一定是你的利润，你做得再好又有什么用？你会一点踏实的感觉都没有。右侧交易做得再好，如果你没有左侧交易，在绝大多数时间里，你是交易的失败者，尽管右侧交易每次失败亏得并不多，但挫败感多了会让你产生放弃。我曾经在学员区做过调查，用一个方法，错了 1 次你还敢继续用吗？连错 2 次你还敢用吗？连错 3 次、4 次、5 次？交易其实是很真实的，我们必须考虑到心理承受能力。

我的核心交易思想就是一句话："趋势为王，结构修边"，这句就是左右侧交易的结合。趋势是右侧交易，结构是左侧交易。右侧交易决不能违背，原则性的错误决不能犯，所以首先要确立趋势或右侧交易的地位，趋势为王。但趋势太粗线条了，粗线条就是不吃鱼头不吃鱼尾，成功率低不修边幅。结构成功率高，而且追求操作位置，追求投资者接受程度。左侧交易更温柔细腻，用来帮助和辅助右侧交易，这就是左右侧交易的结合。

	左侧交易	右侧交易
交易方式	转折前操作	转折后操作
交易特征	高抛低吸	追涨杀跌
交易风格	物极必反	顺势而为
错误评价	业余	专业

 2008 年 9 月 19 日

天人合一

因为降印花税重大利好，早盘直接近涨停了。昨天晚上和今天上午很多人都在谈论交易印花税单边收，我没有谈。因为我谈得最早，甚至在出这个消息之前的昨天中午，我就开始谈了，博客为证。

2008 年 9 月 18 日 11:49 公开发表如下：

近期市场出现了非理性的大幅下跌，已经超过了我所经历的任何一波下跌。因为我半仓，而且有色金属主仓位，所以我还抗得住，但我看大多数投资者，却都快抗不住了。尽管我并不认为政策能改变股市运行规律，但政策可以安慰人心。

不知道为什么政策面上一直如此平静，也不知道是不是后面还会如此平静，利好政策并不困难：①印花税单边收：讨论已久，不如做个顺水人情；②建立平稳基金：那么多的外汇储备拿出一部分就 OK；③降存款利率：放宽货币政策；④融资融券：增加资金渠道。

请不要误会，我是事先并不知道要降印花税这个消息的，但我能感觉到。因为在这个市场中，我自认为是操作相对大多数人来讲是比较好的，所以我的抗风险能力，心理承受能力，都要比大多数人强。可我在昨天上午，也感觉到了极大的压力，那么其他的投资者当时心理承受压力可想而知。如果我能强烈地感觉到，当然管理层不会感觉不到，我坚信这个时候，管理层不会坐视不管。

空间、时间、趋势、结构、速度、数字，这是自然界的规律。它们在股市里，起到的是内因，决定性因素。跌得多了自然就会有反弹，涨得多了自然就会有调整，物极必反是自然规律，股市是自然的一部分，也会遵循自然规律。如果本就应该有反弹，反弹也属于上升周期，在上升周期里出现利好消息或政策，就会加快反弹的速度，表现为极快速而猛烈，短期升幅巨大。从市场的角度出发，从规律的角度出发，为顺从"天意"。结果昨天晚上，管理层出台交易印花税单边收，大大激发了今天的买入热情，属于"人为"因素。

所以大盘今天的涨停，原因是"天人合一"。

这篇文章所表达的天人合一的思想实际是一种重叠，是一种走势和消息的契合。我们常听说在正确的时间里做正确的事，这句话也是一种重叠和契合，正确的时间里就是天时，做正确的事

就是人和，也可以叫做天人合一。但文章只讲了一种，一共有四种：

上升周期里，出利好消息，高开高走。

上升周期里，出利空消息，低开高走。

下降周期里，出利好消息，高开低走。

下降周期里，出利空消息，低开低走。

2009 年

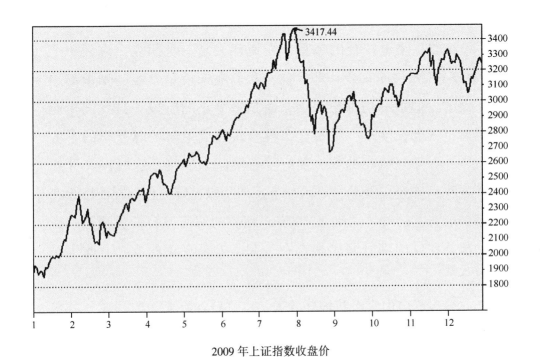

3417.44

2009 年上证指数收盘价

2009 年

2009 年 2 月 12 日

正反合

记得一个电视台的节目，在说什么是三十而立，讲到一个"正反合"。二十多岁毕业之前，我们在学校里学习的知识都是正面的，似乎一切都很完美，这是一个正的阶段。当我们毕业以后进入到社会里，发现这个社会跟我们上学的时候学的不太一样，并不是想象的那么美好，有阴暗和逆境。这时候会开始怀疑我们曾经接受的，进入一个反的阶段，有两种不同的思想在意识形态上的冲突。到了 30 岁，社会的阅历使我们更成熟，正的部分和反的部分开始融合在一起，才是真正的成熟，此为正反合。

很多慕名而来看我博文的人，也许曾经在某个阶段觉得我极其准确，神乎其神，认为看我的市场分析做交易一定能赚钱。后来在某个阶段发现并不很准确，心理上就产生了比较大的落差，网上骂我的也很多。而我坚持写博文的意义在于，我需要保持分析的连续性，不论对还是错，是一个对未来连续判断的过程，请注意不是对过去而是对未来。

我喜欢那些常年如一日支持我的投资者们，因为他们已经经历了"正反合"的过程，他们已经很稳定了。对市场，同样应该有一个稳定的情绪和心态，下跌是机会，上涨是利润，不以涨喜，不以跌悲。

正反合反映的是一种成熟，看了那一段节目之后，对古语三十而立、四十不惑、五十而知天命有了新的认识，古人十年为一个总结，我写这本书也是对我过去的十年做一个思想的总结，当我回过头来看看曾经走的这些心路历程，便知道这是自己思想成长的经历，希望能在下一个十年结束时还能适时停下来，回过头再看一看，然后再继续前行。

我写操作策略是有连续性的，前后之间有逻辑关系，所以我说什么结论一般是有语境的。我不喜欢标题党，也是因为希望投资者不要因为一个标题来忽略过程，你只有全部看完了我写的所有文字你才会有结论。你只有连续地看一段时间，你才会对我和我的分析有认知。

在做投资者教育的过程里，我经常会遇到非常无语的一幕，每次当我连续对市场有精准的分析时，就会有很多慕名而来的学员。他们来时的发言，我一看都是赞美之词，就知道这些学员问题是很大的。交易不是吃快餐，很多老学员平时是不怎么说话的，他们经历过"正反合"的阶段，知道我会有连续对的时候，也会有连续错的阶段，他们已经有了自己的判断标准，知道是不是学有所值。

2009 年 3 月 31 日

仓位控制

今天本来上午有事，我原本打算下午能赶回来更新博文的，可是我很无奈地倒在了较低的办事效率之下，直到下午 3 点多才结束。回来一看，一句话都没写的博文也有 50 多万的点击，心里很是抱歉。

昨天美股大跌，A 股反而低开高走，好像并不陌生了，最近行情反复出现这样的事情，在前面的博文里也有谈到，那就是规避大多数人的想法。我想做短线的人，现在可能会很苦恼，行情万变，很难捉摸得透。我觉得也没必要费尽思量地去追求细节之处的完美，把交易想复杂了只会自寻烦恼，过多的要求自己，会让自己因压力大而变得不快乐。我们除了在这个市场里追求利润之外，还要寻找交易带来的乐趣。

我在博文里经常说一句话："下降趋势里，仓位最高不超过 50%；上升趋势里，仓位最低不低于 50%。"同时我也认可，说到乐趣，满仓交易是能够把交易乐趣发挥到最大化，发挥到淋漓尽致的一种方式。但满仓交易的前提，是有绝对的风险控制机制为前提，我知道大多数人是没有很强的控制力的，这样如果提倡满仓交易，就可能会出现：在一次错误里，全盘皆输的可能。

大家有没有试过满仓止损，后来有人起了一个名字，管它叫"割肉"，很贴切就像身上的肉被割掉一样。当时的心情会很复杂，难过、失望、痛苦、无助等负面的因素接踵而来，它们会影响你交易的决策力。所以，尽管很多人意识到止损的重要性，但通常会成为一纸空谈，直到错误被放大到无法弥补，就是那种感觉太难以接受，不止损是一种逃避。长时间的交易经验，让我深知里面的利害关系，所以我会多次强调仓位。有时候，这样的交易方式相对比较保守，但不会犯大错误，在我们不犯大错误的前提下，耐心积累细小的利润。如果这些利润能够为一次满仓交易提供足够的风险控制，再去满仓才会毫不犹豫的交易，因为从心态上，已经处于绝对上风。

+ + + + + + + + + + + + + + + + + + + **作者点评** +

十年前提仓位控制还是比较笼统和稚嫩，"下降趋势里，仓位最高不超过50%；上升趋势里，仓位最低不低于50%。"这句话比较笼统，因为首先要量化趋势，什么算是下降趋势，什么算是上升趋势。十年后的我借助软件和程序设计，已经完全量化了上升趋势和下降趋势，并且没有任何主观性。而且，仓位设计上也更加的精细化，仓位体系有四个仓位标准：空仓(0)、4成仓、6成仓、满仓(10)。

关于稚嫩，是我提到了你最好赚出来你满仓所承受的巨大风险金，你再去满仓，因为心态上会有优势。十年后的我，认为这是稚嫩的，满仓与否不应该跟盈利多少相关，而是跟当时的行情相关。交易成本是必须付出的，你的每一次交易里都可能有下一次交易的成本。如果你赚钱了，利润里有下一次亏损的成本；如果你亏钱了，亏损里有下一次盈利的成本。

但仓位的重要性时至今日一直未变，这么多年我都是先定义仓位，再定义选股，仓位的重要性在选股之上。这跟机构不同，基金公司或私募有很多都是选股的重要性在仓位之上的，他们受资金规模的限制。而个人投资者最主要的优势就是灵活，所以我认为仓位第一、选股第二的逻辑没问题。

2009 年 6 月 28 日

数字游戏

今天看了一则消息："现在的股市的涨幅已经超过了 6124 点以来的跌幅。"

这句话是对还是错？我们先进行概念上的分析，通常我们所指的跌幅是什么？如果展开我们通常意义上的计算公式：跌幅＝1－最低点/最高点，涨幅＝最高点/最低点－1。**比方说 100 元跌到 50 元是跌了多少？我想大多数人的回答是跌了 50%。从 50 元涨到 100 元呢？大多数人的答案应该是 100%**。

如果单从数字的角度来讲，这波行情从 1664 点开始到周五涨了 75.9%，而从 6124 点到 1664 点的下跌幅度只有 72.8%，那么上面的那句话是正确的。但是，**由于其计算方式不同，两者之间的数字并没有可比性**。

谁动了我的 1 毛钱：

拿 10 元来计算，如果先涨了个涨停，10＋10×10%＝11；明又跌了一个跌停，$11-11×10\%=9.9$ 元。同样拿 10 元来计算，如果先跌了个跌停，$10-10×10\%=9$；明又涨了一个涨停，$9+9×10\%=9.9$ 元。谁动了我的 1 毛钱？

无论先跌一个板后涨一个板，还是先涨一个板后跌一个板，看似只损失手续费的交易，其实少了 0.1。这只是一个板，大多数人所说，跌 7 个板减半，涨 7 个板翻倍，实际计算出来，要差得更多。所以，在理论上 100 万赔到 50 万容易，50 万涨回到 100 万难。

那么再从心态上看，如果连跌 7 个跌停，天天封跌停，想卖的人是卖不出去的；但如果连涨 7 个涨停，天天封涨停，想卖的人随时可以卖出。

如果连跌，即便不天天封跌停，可以卖掉。赔 10% 没卖掉的，赔 20% 就更不愿意卖出，赔的越多越不愿意卖。

如果连涨，并不是天天封涨停，10% 没卖掉的，20% 想卖掉的肯定多于 10% 的时候，赚的越多越想卖。

很多人其实并没有深入研究这个市场的游戏规则。

这个市场的游戏规则是什么？

100 万赔到 50 万容易，50 万赚到 100 万难。100 万赔 50 万容易，50 万赚 50 万难。

如果 100 万不赔到 50 万，把容易的事情变难，那么用 100 万赚 50 万，就会把难的事变容易。

你可能不理解我说的是什么，因为，股市里最难让人理解的却是，这个股市是可以被理解的。

作者点评

这像是一个数字游戏，但这个逻辑里存在很多的思想，巴菲特之所以年复合收益率能那么高，价值投资只是其中的一个方面，你可以仔细对比他的 51 年投资生涯里，标准普尔 500 指数有 11 年是下跌的，这 11 年里巴菲特只有 3 年是负收益。

按上面我提到的，如果 100 万不赔到 50 万，在熊市中不亏，到牛市的时候资金就比别人多，盈利的百分比变得容易。所以，风险控制是巴菲特成为世界顶尖的另一个方面，绝不只是大家耳熟能详的价值投资。我思考过，巴菲特为什么只谈价值投资而不谈风险控制，我思考的结果可能是这样的，仅代表我个人的观点：

价值投资是适合大众投资者的，风险控制则更适合专业投资者，如果让大众投资者去做专业的事，他做不好。所以巴菲特也许隐藏了风险控制的那个部分，但我认为这反而是正确的，所谓世界上最有影响力的投资股神巴菲特，他有义务和责任将大众引导向适合大众的路。

 2009 年 7 月 29 日

秩序的成因

昨天在博文里谈到了如果成交量创出历史，多半是在阴线而非阳线。今天的大跌，使得两市的成交金额迅速突破 4000 亿，达到了 4380 亿的历史新高。而我昨天为什么说创天量是在阴线而非阳线呢？首先跟现在的位置有关系，持续的上升，大家对上升已经形成了惯性思维，做空的力量被迅速的吞噬，但并不代表它并不存在。任何大的波动，都是由无数个小波动形成的。行情的上升，会导致这些做空的小的个体量的增加。但他们还没有形成合力，依照惯性思维，即便继续上升，大众会认为这是理所当然的，因此并不会有突然的量的放大。而如果发生向反方向的运动，这些**大量无序的小个体，会在整体上出现秩序**，从而引发共振，产生不以人的意志为转移的爆发。

昨天在博文里谈不以人的意志为转移，可能很多人都还不能理解，而今天的 14:00 到 14:25 的这 25 分钟里，谁能阻挡？又有哪个机构能挡得住？所以，当无序的个体，形成共识之后，这个能量会被迅速的放大，瞬间爆发出来。而天量，通常是在上涨末期的大阴线里，而非大阳，类似于 2007 年的 5 月 30 号。

7 月 21 日在 3200 点附近的时候，我在清华大学的课堂里，对在座的 30 多位学员，给出了 3424 点的顶部量化预测，一周之后的今天，这预测成为了现实。前些天，我在谈"单日大阴"只是用 3% 作为量化，而昨天直接把幅度定在了 5% 以上的单日大阴。这跟厚积薄发也有直接的关系，疯狂不应该让我们丧失思考。过去的疯狂，让市场已经埋下了快速下跌的种子。这并不是偶然，而是一种必然。

在过去我在形容这里的调整的时候，用了"快速而猛烈、短期跌幅巨大"这样的用词。多方一直这样涨很明显就是"请君入瓮"，其目的就是让在途中卖出的因逼空行情而再高位买回。这个网既然撒得很大，必然会有一天要收网的。

收网的时候，必然以迅雷不及掩耳的速度，杀很多人以措手不及。价格是我们心理的波动源泉，迅速跌了10%空间的股票，有人会因为短期的损失而犹豫，举棋不定。最终，从小的损失变成巨大的损失。而很多人，无论期间做得多么漂亮，都会因为某一次的错误而全部输掉，小盈而大亏。所以，收网的关键是要快而幅度大。

当风险来临的时候，我们会意识到很多很多的问题，但在没来之前是不理解的，说了也白说。所以，用来预防的资金总是没有用来善后的资金快速而容易。而做交易，**预防未来要比研究过去重要得多。我们也许会错，但不应该怀疑我们曾经研究的方向。**

在这个社会里的精英，到股票市场里却连入门级投资者都不如？股票的游戏规则如此简单，却成为了很多人的宿命。涨跌虽本是平凡事，看淡一些，每次行情，至少对于我们来讲，都是一种经验的收获。

------------------------------ 作者点评 ------------------------------

大量无序的个体买卖，会在整体上出现秩序，这句话非常难以理解。比方说小王卖给了小张一支笔，他们形成了买卖，但他们是个体，没有规律。但如果是几千万投资者他们的买卖，就会有规律，那是一种整体上而言的规律，也可以叫做秩序。

打个比方，扔十次硬币，你不会发现硬币的正面和反面出现次数的规律，有可能是 3 次正面 7 次背面，也有可能是 6 次正面 4 次背面，但你扔 100 万次，就是 50 万次正面和 50 万次背面。

至于另一个知识点，预测未来比研究过去重要，这句话我十年如一日的身体力行，我从未怀疑过这句话，研究过去就是为了更好地预测未来。

 2009 年 8 月 17 日

宿命论

趋势不会永不终结的。有什么样的原因，就会形成什么样的结果。如果不进行有效地释放做空能量，当这个泡沫越做越大的时候，其爆裂引发的市场转向，必是极惊人的。跌幅在 5% 以上的"单日大跌"，至少会出现 3 根以上。所以，我理解的调整一旦来临，其时间未必很漫长，但其空间必然快速而猛烈，短期跌幅巨大。

以上内容是我在上个月 7 月 28 日写的周三操作策略里的一段话，大家可以看一下当时的指数，正在发力的上升，市场一片欢呼雀跃，乐观的甚至看到了 5000 点。当时我是看到了市场的巨大风险，不仅阐述了风险的成因（泡沫积攒），风险的表现形式（快速而猛烈），甚至还描述了微观的表现形式（跌幅在 5% 以上的"单日大跌"，至少会出现 3 根以上）。这些都是在没下跌之前说的，而次日指数就大跌了 5%，而今天指数又跌了 6%。这离我说的这波调整，"单日大跌"超过 5% 为 3 次以上，已经只差一次了。

而大多数投资者，在牛市里是看不到风险的，也不愿去相信。市场的持续上涨，在带来利润的同时，风险意识会逐步的降低。在自以为安全的时候，风险却如期而至。用眼睛怎能在 7 月 28 日那天看出风险呢？今天很多人看到了，**但当我们用眼睛能看到的时候，很明显已经晚了。**

快速而猛烈的下跌，就是为了让过于看好市场的、风险意识不强的、盘中交易犹豫的、以迅雷不及掩耳的下跌来一个措手不及。要想套人，速度是关键。我在 7 月 28 日说了这句话，当时不会有很多人在意，这没关系，但到了今天我们回过头来再看，也许对市场会有新的理解，以避免在未来我们犯同样的错误。

从成交金额上来看，上涨的日均成交金额在 3200 亿左右，而下降的日均成交金额在 2000 亿左右，这中间的差值有大部分是被套的金额，纵观每次大的筑顶过程与大级别调整都有这样的现象。

涨上去，砸下来，再涨上去，再砸下来，几个来回，就完成了财富的转移。而每次底的时候没人敢买，顶的时候大家疯抢，屡试而不爽。

对于部分人来讲，股市是宿命。

后配图 (20090817)

单日跌幅超5%刚好3天

作者点评

这篇文章我说了三个思想。

首先趋势不会永不终结，这有点像哲学里的循环，日出日落急归所出之处。有新生就会有死亡，趋势也不会例外，下降趋势的死亡就是上升趋势的新生；上升趋势的死亡就是下降趋势的新生，从循环的角度，趋势不会永不终结。

当我们用眼睛看到的时候，明显已经晚了。上文我说预测未来比研究过去重要，我们是这样认知这个世界的：我们可以用视觉、听觉或者触觉或嗅觉来认知这个世界，然后将信息传递给大脑，有了思维、思考或是情感。但在这个过程中，是我们处理已经发生的事情，即过去。在交易领域，为什么涨了开始乐观，跌了又开始悲观呢？这其实是最简单的和最原始的人类认知方式，它已经既成事实地成为已经发生的过去式了。

你看到的下跌，是已经下跌了。

关于宿命论，这是我很矛盾的一个地方。比方说，我想告诉大家要怎样认知市场，防范掉进宿命的陷阱，我又深知宿命是无法避免的，至少在概率上无法避免的。我们一方面批评那些不懂交易，对市场知之甚少的投资者；另一方面我们的优势和竞争力又是建立在这些投资者之上。

如果看我写东西的是一个群体，我希望这个群体里的人，跳出这个宿命，来证明我的思想的价值。

+-

2009 年 8 月 19 日

思而后行

昨天收了一根阳线，再看网上，马上就出现了众多看反弹的声音。今天大家可以再看一下，看反弹的肯定比昨天少。如果你按照市场里的人举手表决来决定去留，肯定赔。因为你没有思考过，市场的运作形式。

我国证券市场的运作形式和游戏规则一个重要部分就是：撮合交易，这非常重要（国外很多金融市场里面有做市商制）。什么是撮合交易，就是有买的必须有卖的，否则买不到；有卖的必须有买的，否则卖不出去。

就这么简单。

那么你想一想，你要是买到了，肯定是从别的人那里买的，你们两个人，做相反的交易方向，你赚了他一定赔了或少赚了。

所以我经常思考，这个市场里为什么会有这么多的社会精英来参与，这简直就是一种"天大"的浪费。**股市并不是创造财富的地方，而只是实现了财富的转移**。我们为什么不用更多的时间去为社会创造财富呢？

证券公司的钱从哪来，上市公司的一夜暴富神话背后钞票从哪里出？软件公司和投资咨询公司几十亿的销售额从哪里出？不全都是这个市场的钱吗？

撮合交易的本质是博弈，总和为零，减去手续费和各种相关费用，甚至都不是零了而是负值博弈。说白了就是钱越玩越少，被证券公司、新股发行、与证券行业有关的各业务公司抽取了佣金、咨询费、评估费等。

因此，其结果一定是少数人盈利的。你要是看什么博客、电视台、报纸等，身边的人啊，都说涨，你就买涨的话，得赔死。要是真的少数服从多数，举手表决的话，我们干脆去美国吧，中国人这么多，光举手就举死他们。但怎么一跟国际市场较量我们就输呢？

所以，我认为炒股最重要的就是坚持自己的想法，不人云亦云。我踏空了一段时间，因为我当时根本找不到比较安全的个股，所以我就不买了，我在用我的方式做我自己的交易，没什么不对。现在是这样，将来也是这样。

但市场为什么还是有越来越多的人，甚至在并不了解这个市场就杀进来呢？这跟不会游泳就跳海里有什么区别？

后来我发现了，人类有史以来首次在地球上绝大部分地区解决了温饱问题（南半球还有部分国家没有解决温饱）。拿我国来讲，当今社会的发达，根本就是空前的，什么汉唐盛世，康乾盛世，都比不了。

大家再也不用考虑温饱的问题了，然后就开始追求：舒适、刺激、攀比。所以，我们在股市里，都是听说谁又在什么时间赚了多少，因为大家都喜欢说赚的，不喜欢说赔。**虽高处不胜寒，但遍地赚钱声**。

所以就有很多新手，一看这个市场这么好赚啊，唯恐被别人落下。点位越高赚的人越多，对人的诱惑力就越大。风险就像一只无形的手在你背后，而你只看到了前面。

股市最终成为了很多人的宿命，这无法改变，因为存在就有道理。

所以，我多次建议大家，根据自己的情况、知识体系、信息途径、操作经验，仔细地去思考，我们凭什么能成为这个市场上少数的盈利者？

先思而后行。

———————————— 作者点评 ————————————

股市并不是创造财富的地方，而是财富的一种转移。这是我深入思考后得到的一个结论，所以每当有学员问我，能不能辞掉工作专职炒股的时候，我都是比较反对的。

我思考的不是专职做投资是不是比业余做投资效果更好，而是你得到的会不会比你失去的更多。

因为每一个有资金做投资的人，其实都是这个社会的精英，即有充足的剩余资金可以用来投资。而股市并不创造财富，只是财富的转移，鼓励和支持这个社会的精英，为这个社会做出更大的贡献，比做交易更有意义。

一个真正的强者，能兼顾工作、生活和投资，并且把每一个都做得很出色。

这让我想起了一个段子。葵花宝典有三页，第一页：要想成功，必先自宫；第二页就算自宫，未必成功；第三页不必自宫，也能成功。

高处不胜寒，遍地赚钱声。越高的位置，说明涨得越多，涨得越多，所以赚得就越多。再加上人性，因为人性是喜欢报喜不报忧的，当然这是出现在人类首次在北半球解决了温饱问题的时代，如果在没有解决温饱问题的那个年代，可能会相对低调一点。我是想说，高处不胜寒是真实存在的，遍地赚钱声，确实有人性成分的，你听到的赚钱声也许并不真实。

大家喜欢只谈过五关斩六将，并不谈走麦城。股市没那么简单和容易，股市是专业属性极强的市场，你需要理性看待周边人的言论，无论牛市还是熊市，多思考你怎么在这样的环境里胜出？

三思而后行。

2009 年 8 月 31 日

波动本身就是法则

今天是本周的第一个交易日，也是 8 月的最后一个交易日。大跌 192 点，跌幅为 6.7%，应该是 2009 年到目前为止的最"寒冷的"一天，也许今天是为了刻意做这样一个月线收盘价格，使得月 K 线从今天开盘和收盘两个不同的时间看上去就有很大不同，现在看来月线已经很难看了，一根光头光脚的大阴线，如倾巢之下般狂泻下来。很多人的股市发财路戛然而止，一个月前的今天和一个月后的今天，仅仅相隔一个月，但变化太大了。

2007 年的疯狂和 2008 年的惨烈，此刻历历在目，那基本上是常人所不能，或者是无法忍受的极限行情。如果你相信江恩的存在，我们费尽思量地去探索什么**是江恩的波动法则，也许这一刻，让我们了解了波动本身就是法则**。能量有一个积攒和释放的过程，经历了 2007 年和 2008 年之后，这个能量已经被释放了很多，所以很难再有如那两年一样的疯狂和惨烈。所以，在我的内心深处，我早已坚定了未来的两三年就是波动交易为主的核心交易策略。即便行情比我想象的还要多涨了很多，但波段交易的信念从未动摇过。

我认为做任何事情前，最重要的就是思考，我也曾经深思这个市场的游戏规则，思考的结果最终让我明白一个道理，那就是坚持自己的交易原则和方向，在股市里坚持走自己的路，坚持自己走路。那些买到最低点和卖到最高点的交易，就像自然界里颜色鲜艳的东西通常伴有巨毒一样，是一种美丽的陷阱。"何时何价"，曾是我的理想，但我并不苛求它。我坚信，在股市里能够有所作为的，必然是能够拥有自己的原则和信念的人。

2007 年的疯狂其实就有一批丝毫不懂股票的白领倒下了，今年的疯狂，好像丝毫没有想起来 2008 年的惨烈，又一批新手深套其中。每一轮牛市，最终都有买单者，**年年如此，却屡试不爽**。这就是人性的弱点，贪婪与恐惧。所以我经常说，股市对某些人，是宿命，他逃不掉人性的弱点。

痛定思痛，我们是不是应该思考一下，面对这个市场里，最为猛烈、最为凶狠、最为聪明的头脑的较量，我们凭什么成为少数的盈利者呢？我们还要继续人云亦云、道听途说下去吗？如果在市场里亏损称为花钱交学费，这个学费交到什么时候才是个尽头呢？

想明白了，未来就一片光明。

+·+·+·+·+·+·+·+·+·+·+·+·+·+·+ 作者点评 +·+·+·+·+·+·+·+·+·+·+·+·+·+·+

什么是江恩说的波动法则？波动本身就是法则。波动形成了价格差异，游戏规则和价格波动给市场注入了活力，活力再反过来形成波动。没有了波动，就没有了流动性；没有流动性就没有活力，没有活力就没有人群，没有人群就没有大量无序的个体买卖，也就没有了规律。

年年如此，却屡试不爽。这句话如何理解呢？

股市里，行情是永远变化的，而不变的，是人性。

+·+

2009 年 11 月 8 日

坚持自己

记得有个人写房地产博客里，天天说房地产泡沫大，会爆裂、会大幅下跌。大概写了近两年，可房地产市场没跌，他说错了，可他火了。为什么呢？因为看博客的人当中绝大多数是买不起房子的，所以在潜意识里希望能看到更多的看空言论，至少看起来很过瘾。

现在的投资者，也或多或少的有这种倾向，如果自己空仓，愿意听到跌的言论；如果自己满仓，则愿意听到涨的声音。因为股市是单边做多的市场，所以大多数人是希望听到看多的声音，死多头要比死空头有市场。

我认为写博文就是应该坚持按照自己的分析和判断，得出合乎逻辑的建议，而不是为了契合大多数人的意愿，或去跟随别人的呼声，人云亦云。做交易也是一样，场外有很多声音正在影响着你或企图去影响你，而**真正的高手，是坚持自己的想法的人**。

-------------------------- 作者点评 --------------------------

这让我想起了古斯塔夫勒庞的一句话：群众从未渴求过真理，他们对不合口味的证据视而不见。假如谬论对他们有诱惑力，他们更愿意崇拜谬论。谁向他们提供幻觉，谁就可以轻易地

成为他们的主人；谁摧毁他们的幻觉，谁就会成为他们的牺牲品。

他写了一本书，叫做《乌合之众》。

 2009 年 12 月 6 日

交易就像破案

周五大盘出现了分化，许久没有动作的大盘蓝筹股表现活跃，盘中分化严重，小盘股借大盘股启动却逆市下跌。周五中午我在盘中同步分析提示里直接表述，拉大盘股有帮助小盘股出货的嫌疑，现进行一下详细解释。

1. 动机。整个 2009 年，应该说就不是大盘蓝筹的行情，你仔细观察大盘股和小盘股之间的涨幅区别，我想事实证明这么定义应该没有错吧。所以，2009 年就是纯正的小盘股行情年，如果在这一年里你还是想用老眼光、老思路去玩大盘蓝筹的话，无疑是输家。而近期，小盘股行情更是从牛市转化成疯牛，但任何的疯狂都是有代价的，炒高并非难事，难的是如何"变现"。这本身就存在小盘股出货的动机。

2. 事实。如果判断这里是板块的轮动和补涨的话，应该是小盘股见顶在先，热钱从小盘股转移到大盘股，这才合情合理。而大盘股启动的时间是上午的 10：42，而小盘股下跌的时间是上午的 11：00，这中间是有一个时间差的，注意这个先后顺序，即先造成大盘上涨的假象，个股的风险紧随其后，前后只是十几分钟的事，如果是巧合，未免也太巧合了吧。所以你说没有拉大盘股帮助小盘股出货的嫌疑，我肯定是不信的。

3. 行情。市场是变化的，前期医药股行情和近期小盘题材股我重点提示过，当热点退潮的时候，新热点产生你再去发现也不晚，**行情要契合而非主宰**，因为它并不以某个人的意志为转移。不要轻信别人拿主流资金说事，如果你买了中国平安，认为主流资金只可能做这些大盘股，在近期绝大多数股票上涨而它下跌的情况下，我想你的交易心态会非常糟糕。

4. 方法。我在盘中写直播的时候，根本不会像今天写得这么详细，我希望能够尽可能的简单、明朗、直入主题。近三天我多次在盘中点评，300022吉峰农机有风险，你可以看看我可还说其他别的什么股了吗？为什么我不说别的股呢？是因为市场的股票太多了，重要的是你能否化繁为简。近期市场小盘股活跃的直接原因就是创业板的暴炒，而创业板的暴炒首当其冲就是吉峰农机。如果你现在让我关注大盘股的话，我也不会每天把银行、地产、石化股翻一遍。在我眼里两只股票足以，吉峰农机和中信银行。

5. 意义。盘中我很少说个股，重点提吉峰农机有风险的确是我认为是需要说明的时候了，这样疯狂的炒做之后有多大的风险，很多人在目前的情况根本没有看到，当你看到并切身体会的时候已经晚了。创业板不会就这么几十只股，后面还有更多的股票将陆续登陆，涨得好对后市有利，涨得不好对后市无利的道理简单易懂。但我们需要一个稳健的上升，而非这种病态的上升，而创业板泡沫越吹越大的时候，将来谁来为这个泡沫爆裂而引发的风险买单呢？创业板首日暴炒，全部被临时停牌，事后却处理得很低调，也许放眼未来，为整个创业板的全局考虑，我能理解。但像现在这么暴炒不闻不问，我就不能理解了，也许是对暴炒的一种纵容。我在博文里说了这样一句话："创业板鼓励坏孩子的态度"，这句话简单而直中要害。一天后，吉峰农机的活跃账户被限制交易。我做了我认为有意义的事情，并不在意别人是怎么评价我。

6. 细节。即便我在做我认为有意义的事，但也是要讲究方式方法的：3361 点筑顶前的一周，我多次提示 3366 点日线级别的风险；医药股我只有 11 月 18 日才说不要追了；吉峰农机我在近三天才提示风险。我可以告诉你，这里面有着极强的逻辑。

7. 交易。这个市场里没有神，我一直以来的原则都是让大家坚持走自己的路，坚持自己走路。我判断错的地方很多，但这并不影响我在用自己的方式，进行属于我自己的交易。如果让我自己说，我写的博文跟其他人有什么区别的话，我想很多人是想让你佩服、崇拜，然后跟着他走，而我用一种简单的、连续性的分析告诉你，交易并不复杂，但你要自己走，自己的命运自己掌握。哪种交易方法是最好的？也许根本就没有最好的方法，只有最适合自己的。

—————————— 作者点评 ——————————

交易就像破案，是在你已经得知的各种线索里寻找有价值的线索，他的过程是一个推理的过程，有其逻辑的严谨性，讲究动机、时机、人物、逻辑和证据。

交易是一个综合各种线索之后的综合的结果，一个连续的结果。

2009 年 12 月 13 日

关于交易大赛

周末看了一个消息，某阳光私募基金因大幅亏损而被三位四川投资者告上了法庭，其中有一句话引起了我的注意：该投资理财团队的投资决策人，在全国举行的各大实盘操作大赛中取得 8 项冠军、2 项亚军和 6 项季军。（该文章后面又报道，利用资金抬拉目标股票而提高操盘比赛成绩。）

因为凡是比赛，它的前提必须是所有参赛选手在公开、公正、公平地站在同一起跑线上。证券操盘比赛，信息不对称，资金实力不对称，影响力不对称，根本就不存在公平。而这种不公平比赛的结果，却被大肆炒做。所以，通过这则消息，我想说明的是，以后没有必要举办大型操盘比赛了。

越是知名度高的比赛，越假。

作者点评

今天的这个话题是交易大赛，大家会看到各种交易大赛吧，有模拟的也有实盘的，但没有公平的。

信息不对称：内幕交易的，一条消息值亿万资金。

资金实力不对称：不用比能力，有资金实力的，直接背后把这只股票拉上去。

影响力不对称：巴菲特买啥，一公布就大涨，巴菲特如果参加这种比赛，买啥啥涨。

其实还有机会成本不对称：一次比赛有偶然性，一段时间的比赛同样有偶然性。

参赛目的不对称：有人就是来打比赛拿名次的，用多个小号，只做最强的股票，正常投资会这么操作吗？有一个小号成功了就包装炫耀，然后打造个人知名度。

而比赛知名度越高的交易大赛，背后的利益就越大；背后的利益越大，比赛就越假。

 2009 年 12 月 16 日

发行市盈率

今天又有 8 只股票登陆创业版，值得注意的一件事情是，最高的发行市盈率竟然高达 126 倍。很多人不明白什么是市盈率，简单地讲就是股价除以每股收益，比方说股价为 10 元的股票，每股收益为 0.5 元，那么 10/0.5＝20，即我现在投资这只股票，按照现在公司的盈利水平，20 年我将收回成本。

在美国 90 年代当指数大涨了 150% 左右，整体股市的市盈率只是从 20 倍上涨到 25 倍左右，所以 25 倍左右的市盈率几乎成了相当长的一段时间里的市场标准，而我们新股的发行市盈率就高达 126 倍，什么意思呢？按照现在公司的盈利水平，126 年我才能收回成本，而且发行价在上市之后还有溢价的话，比 126 还要高。所以，如果我买该股，按照现在的市盈率，想要收回现在的成本，我是看不到了，估计我孩子也看不到了。

我不知道怎么出现这么高的发行市盈率，而且还能够顺利发行，我无法理解，这个发行价是谁定的？为什么这么定，有什么基础？我很想看看其上市首日的走势，会不会第一天就跌破发行价，如果还出现溢价，那么创业板发行多少倍市盈率的标准将被重定，大家争先恐后地提高发行价格，透支炒做空间，受伤的只能是二级市场的参与者。如果直接跌破发行价，势必对后面的发行有很大的影响。

所以，这么高的市盈率发行股票，有百害而无一利。

创业板，仍需反思。

·+·+·+·+·+·+·+·+·+·+·+·+·+·+· 作者点评 ·+·+·+·+·+·+·+·+·+·+·+·+·+·+·

中国股市到现在，发行制度已经做过很多次调整了。这其实并没有对错的问题，而是合理性的问题。

很多股票上市第一天就是最高点，在后面很长时间里，几乎所有投资者都亏损，这个就是因为发行的市盈率过高。如果新股二级市场买入的投资者亏损，那么谁赚了呢？高市盈率发行对谁有利呢？这是需要平衡的地方。

后面有很多文章我引用了平衡理念，我们要平衡市场各个参与主体，这才是合理的。

+·+

 # 2009 年 12 月 29 日

信乐团给予我们的感动是无穷无尽的

感动镜头一：

片子的引言：这是信乐团的坚持，一个关于爱与梦想的故事。的确，爱与梦想是信乐团的追求，而坚持就是信乐团的真谛！

感动镜头二：

在第一集里，阿信和黑社会在 PUB 里打完架后，去请求老板原谅，然而老板并没答应他们留下继续唱，阿信一气之下就走了，但酒吧老板说了一句话："希望他好铁不怕磨！"（这里的他指的是阿信）。

其实大家都知道，阿信在未出道前，一直都是在 PUB 里驻唱的歌手，而那段时间台湾酒吧真的很乱，我想阿信他能有今天的钢嗓也要多谢谢那些老板。当然，阿信他做到了，他是好铁，他也真正做到了不怕磨，信乐团都做到了！

感动镜头三：

阿信带着自己精心制作的 demo 去唱片公司，结果不但没有成功，反而被那个老板羞辱了一番（其中五月天那部分我就不提了），《天高地厚》这么好的一首歌居然被那个黄总监说成少了一些东西！阿信一气之下就把自己的 demo 摔倒了垃圾箱，但是抽了一根烟以后又跑回去把 demo 从垃圾箱里捡回来了。

哎，不知道阿信他们在成名前在社会上到底受了多少气啊，但是他们还是挺了过来，阿信，你真了不起！

感动镜头四：

CHRIS 想要到美国去搞摇滚，阿信他们说："搞摇滚跟我们搞就好了，到纽约干吗咧？"CHRIS 问："台湾有搞摇滚的环境吗？"MICHEAL 回答："摇滚不用环境，摇滚在这里（MICHEAL 指着自己的心说），只要你相信摇滚，他就有生长的环境！"

信乐团就是相信摇滚！所以他们在台湾打出了自己的摇滚天堂！所以他们拥有一大群信摇滚得永生的信徒！

感动镜头五：

CHRIS 问阿信："阿信那你的理想是什么啊？"阿信说："我啊，没什么，就是想唱歌！想飞到那最高最远最洒脱，想拥抱在最美丽的那一刻，想看见陪我到最后谁是朋友，你是我最期待的那一个！（《天高地厚》音乐响起）"。

CHRIS 说："不如你们乐团就叫'信乐团'好了，信，既是主唱阿信的名字，又是信任相信的意思，我是基督教徒，圣经上说，如今常存的有三誓：'唯信，唯望，唯爱'，而信尤其又排第一个，所以我特别喜欢'信'这个字，你们一定要相信你们总有一天会成功！"。

信乐团，信乐团，信乐团，信乐团！CHRIS，谢谢你，谢谢你带来了这么好听的名字！

感动镜头六：

MICHEAL 在沙滩上碰到琳达，两个人聊了起来，琳达问："你为什么在沙滩上捡这些瓶瓶罐罐？你是沙滩清洁员？"MICHEAL 说："不是，我有空就来捡啊，因为自从沙滩开放以来，游客量增加，带来大量垃圾，你知道人类在沙滩上每天制造多少垃圾吗？三千八百万磅！"琳达说："哇！那当你面对这么庞大的数字的时候，你有没有想过不管你怎么做都没有办法改变任何什么？"MICHEAL 说："不会！"琳达问："为什么？"MICHEAL 回答："我相信只要坚持，就一定可以改变什么！（《海阔天空》音乐响起）"

是啊，坚持，信乐团的坚持，改变了他们一生的命运！我们都要学会坚持！还有，记得下次去海边的时候，不要乱扔垃圾了！

感动镜头七：

CHRIS 的爸爸因为发现 CHRIS 弹吉他搞摇滚而中风，CHRIS 在他父亲的病床前说了一段话："爸，从小到大我都是听话的乖孩子，你要我做什么我就做什么，你叫我拉小提琴、叫我学武术，我真的都尽力了，真的已经尽力了，但是直到现在我才发现，我真的不是那块料，再努力也没办法成为一个伟大的小提琴家。爸，我知道你这辈子最痛恨的就是逃兵，我现在不知道该坚持下去还是放弃，我现在心里真的很彷徨、很惶恐，（CHRIS 哭了）我已经快三十岁了，我真的好想好好地做我自己，爸，对不起，爸，对不起！"。

CHRIS 哭了，真的哭得好伤心啊，我不知道你生在这样一个家庭到底有多痛苦！但是没关系，没关系，一切都过去了！CHRIS，你的坚持没白费！

感动镜头八：

阿信送给小树一条项链，项链挂着的牌子上刻着"死了都要爱"五个字！(《死了都要爱》音乐响起)小树问阿信："阿信，什么是死了都要爱啊？"阿信说："就是啊奋不顾身，勇往直前，努力追求！比如说我的信念、我的执著、我的生活目标，还有你！"小树问："真的吗？"信说："呵，相信我会努力守着你一辈子！"

现在知道什么是"死了都要爱"了吧？曾经在贴吧上看到好多人问："死了还怎么爱啊？"而如今阿信的这句话应该算是最最完美的答案吧！

感动镜头九：

信乐团的经纪人 JOHN 想要淡化一下信乐团浓重的摇滚色彩，来希望有经纪公司能够接受信乐团，而阿信对此很不高兴，还和小树发了脾气，事后去找小树道歉，他说道："其实我并不是那么讨厌 JOHN，只是我这个人没有什么自信，我只有在舞台上的时候才觉得自己像一个人，我就只剩这么一点点东西了。"

多令人心酸的一句话，但是，风雨过后，海阔天空！阿信，我始终相信，当你站在舞台上拼了命唱歌的时候，可以感动全世界！

感动镜头十：

本片最后的一句话，阿信说："有你们这些朋友是我这辈子最大的收获，不管未来如何，我们一定可以一直走下去！(《天高地厚》音乐响起)"

尾言：我们呢，只是一群热爱音乐的平凡人，命运吧，姻缘际会使我们走在一起，爱与梦想让我们度过一个一个的危机，走到了今天，当然也少不了那么一点运气，这正是人生最美妙的地方。众里寻他千百度，蓦然回首，那人却在灯火阑珊处！真的，所以你问我信乐团有什么成功的秘诀，很简单，四个字——永不放弃！我们做得到你也一定做得到！不相信的话，试试看。

总之就一句话：信乐团给予我们的感动是无穷无尽的！

（本文为转贴，送给所有坚持自己、永不放弃的人们　徐小明）

·+·+·+·+·+·+·+·+·+·+·+·+·+· **作者点评** ·+·+·+·+·+·+·+·+·+·+·+·+·+·

前面写了关于信乐团的一些事情，当我第一次看到这篇文章的时候，确实被感动了。

喜欢，就是希望能将美好的、感动的能够一起分享。

·+·

2010 年

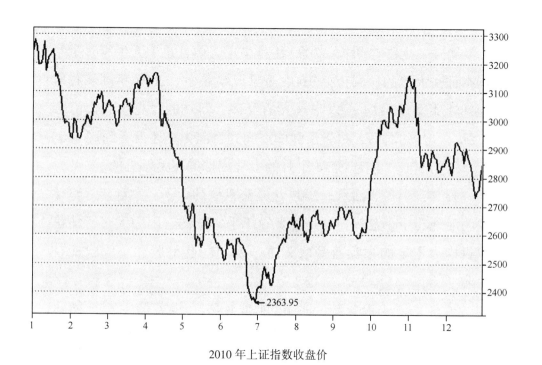

2010 年上证指数收盘价

2010 年

✅ 2010 年 1 月 3 日

新年伊始，明天就是 2010 年的第一个交易日了，先对刚刚过去的 2009 年进行一下回顾。看看 2009 年，有哪些值得我们回忆的。

第一，上涨时间长。2009 年是牛年，而且是个大牛年，全年基本都是大涨的，两市共 1000 多只股票翻番。2008 年底，我曾经判断那里有 6124 点以来最大的反弹，但真的没有想到上涨会持续这么长的时间，尽管反弹的空间到目前为止还没有到达 2008 年下跌的 50%，但连续 14 个月的上涨周期确实是罕见的。

第二，小盘股活跃。2009 年是小盘股的天下，大盘蓝筹整体要明显地弱于小盘股，这是显著异于平常年的，因为大多行情都以机构为主导的大盘蓝筹股为主，或期间蓝筹股和小盘股交替上升。

第三，创业板登陆。股市的基本功能其实是融资，创业板十年终磨成剑。全国大多数就业者是分布在中小企业里的，创业板就是专门针对中小企业进行的融资平台，我们且不谈暴炒所带来的风险，从更大的视野和眼光看，能够看到创业板的作用。

辞旧迎新，告别了 2009 年之后，我们迎来了 2010 年，展望 2010 年，有哪些是需要我们思考的。

首先，无论是将来更好的上涨，还是步入到下跌周期，大五浪上升走完之后，都要进行一个时间相对比较长的调整周期，至少在 2010 年上半年，应该先考虑风险。目前操作上尽量以短周期为主，同时要提防周线上升趋势的破位。做好了这两点，就不会出现大问题。

其次，股指期货的推出要持积极态度。股指期货已经势在必行，它可能会改变我们熟悉的游戏规则，面对新的事物，我们应尽可能地持开放的、积极的态度。越早适应新的规则，机会就更容易把握。至少我本人是非常期待股指期货的，技术分析更适合股指期货，尤其是日间交易。

第三，股市和楼市的空前繁荣，使得越来越多的人投入到资本交易中来，更是有太多的人通过炒楼、炒股而一朝暴富。而辛苦工作几十年，却没有炒股炒楼几年积累的财富多，将来我们怎么教育我们的下一代？无论炒股还是炒楼，都是财富的转移，并不创造财富。所以，树立正确的财富观，坚持做好本职工作，才能为社会创造更多财富。

 2010 年 1 月 20 日

惯性思维的风险

今天两市均出现了大幅下跌，大盘的下跌并非只是部分蓝筹股下跌造成的，真正的风险在于小盘股上。两天前，对于小盘股我就有非常不安的感觉，并直述风险，原文如下：以中小板为主的小盘股，现在已经明显的风险大于收益。什么是市场原则？2006 年、2007 年，就是告诉你，市场原则是价值投资。2008 年告诉你，投资投机就是狗屁。2009 年告诉你，市场是有原则的，但绝不是价值投资，而是投机。中小盘股在整个 2009 年的疯狂，让我很是担心，我强烈地感觉到，在未来的某段时间里，其风险会集中释放，快速而猛烈，甚至有全线跌停的可能。

可能你认为我两天前形容得有点过了，严重了。今天小盘股虽然整体出现了大跌，但风险远没有我形容的那样严重。其实我当时确实有强烈的感觉，中小盘股的风险要到来了，看过中小板指数后这种感觉更强烈了。

技术分析就好比破案，会有很多条信息流经我们的大脑，我们需要推理，那么大家想想，2006、2007 年用事实给我们灌输的思想，为什么 2008 年去打破它，2009 年又企图形成新的行情观。形成的目的，就是在我们确信的时候，打破它，这样做效果最好，且屡试不爽。这一波灌输的小盘股思想，至少到下一次大行情的时候，你把目光放在大盘股上，准没错。

问题是，这波怎么解决。**假如你是主力，首先要让大家"确信"，开始拉小盘股，你觉得正常。之后没有出现轮动，还是拉小盘股，你觉得有点不正常，将信将疑。到最后依旧是拉小盘股，怀疑的人开始"确信"了。当绝大多数人开始确信的时候，风险将如期而至。**

再想一下，假如你是主力，不断的、类似执著的拉升，目的就是让中途下车的人，再上车。并努力让上来的人，下不去。关键在于速度，用一种极快而猛烈的速度来完成下跌，在这个急跌的过程中，你只要一犹豫，就下不去车了。

所以，按照既定的逻辑推理，今天的下跌，还算是温柔的，未必属于我所形容的。

所以，我给出了，向下破位，痛下决心出局。向上突破，也要坚决回避小盘股的策略。

+·+·+·+·+·+·+·+·+·+·+·+·+· 作者点评 ·+·+·+·+·+·+·+·+·+·+·+·

本文主要讲的是惯性思维，但惯性思维的形成，在股市里就是用来被打破的。这句话是不是很搞笑，这就好比一个事物它的诞生就是为了被消灭的。股市里建立惯性思维其最终目的就是，消灭形成了惯性思维的人。

熊市，一直是反弹；然后牛市来一个反转，干掉了习惯做反弹的人。

牛市，一直上升，所有卖出都是错的，一遍又一遍地写"死了都不卖"的印象思维，然后筑顶，没卖的被这种思维害死了。

交易里惯性思维很害人的，当一个现象持续的时间长了，容易形成惯性思维的时候，我一般会停下来，思考一下风险。思考一下这个惯性会维持多久，我是否能跳出这个惯性思维，何时跳出这个惯性思维。

 # 2010 年 1 月 25 日

老话，是对的吗？

我曾经用很长的时间来思考很多人认为是很简单而又正确的

事情，比如说，"买是徒弟、卖是师傅""股市里千万不能预测""考虑得越多，做得越好"。有时间大家可以思考一下，常挂在嘴边的，未必是正确的。

先谈谈心态吧，我听很多人说过："要想做好交易，必须要有个好的心态"。想问问大家你认为这句话对吗？事情都有因果关系，是有先后顺序的。我们先谈顺序，股票市场里是先有好的交易，还是好的心态呢？假设你有一个良好的心态，你能肯定后面会一定有好的交易吗？假设你有了好的交易，在赚钱，你会心态不好吗？反之假设你经常赔钱，你怎样才能让自己保持好的心态呢，强颜欢笑吗？

很明显，好的交易在先，好的心态在后。好的交易是原因，好的心态是结果。而当我们反过来，用结果来推原因的话，本身在逻辑上就有错误。

同理上面几句话在逻辑上同样有错误，不要觉得大家说得多了，就是正确的。真理未必掌握在大多数人的手里，遇到事情之前，应先思考，当你有了亲历的过程之后，你才会有自信。而真正的自信，根本不需要得到大多数人的认同。

你要注意你的心态在整个操作中的变化，最开始交易的时候，对市场对自己都不确认；当你连续的盈利之后，自信心会过渡膨胀，这个时候出现亏损，多数人要做的是把局面搬回来，想转亏为盈；结果越想翻盘，越错，错得多了开始怀疑自己，即便真的出现了机会，开始手怯了，不敢出击了。随着机会的增加，开始再尝试性交易，回到了不确认的阶段，然后循环我上面说的话。一次次的，一轮轮的，一年年的，跳不出这个圈子。

这些都是心态惹的祸。

作者点评

这是我的交易认知体系里另一个思想：因果关系。

我说了几层意思：首先，我们会有很多因果上的认知误区，好的交易是原因，好的心态是结果。用结果来推原因，逻辑上是明显错误的。我对成交量的评价一直是争议比较大的，但我首先考虑的是因果关系。上涨是原因，放量是结果。某只股票的上涨会导致持有这只股票或关注这只股票的人群相对乐观和兴奋，追涨杀跌，是有其人性的必然逻辑的。

所以，当我提出成交量不是涨跌的必然基础时，很多人都觉得我说错了。其实，他们并没有理解我说的因果关系，上涨是原因，放量是结果。没有原因哪来的结果？上涨绝大多数会放量，可是放量一定上涨吗？你打开 K 线图，观察任何一只股票的波段高位，大都是放量的吧。那么结论是，放量不一定上涨，放量还可能筑顶。你再打开任何一根大阴线，你会发现放量还导致大跌。

所以在我看来，"只要有成交量的配合，价格就会上涨"这种话，是骗人的。原因决定结果，不是结果来决定原因的。

可是大多数人并不去深思这层意思，而是觉得成交量被大家都公认为判断涨跌的重要依据，你怎么能这么"自大"呢？你以为你是谁。这种话在我对成交量的评论上听得最多。

我坚信，我的逻辑是对的，并且这么多年，我的交易系统里，有空间的、有时间的、有结构的、有趋势的，就是没有成交量的。

如果你坚信你的思考是对的，你并不一定需要得到别人的认可。

真正的自信，无需别人的认可。

 2010 年 3 月 24 日

是否应该追求细节

不要忽视这些盘口知识，认为做股票不差一毛两毛钱，其实这是错误的，如果你买在了盘口低点上，你会强烈地感受到和买在高点上心情有很大的差别，而这些心情上的微妙变化，很有可能影响着你的交易决策。

比如你账面上盈利了几毛钱，虽然少，但当意识到风险的时候，能够轻松而容易的出局。如果你账面上亏损了几毛钱，你多半会心有不甘，想等盈利了再出，结果就因为几毛钱的亏损，导致几块钱、十几块钱、甚至几十块钱的损失。所以，除了极少数的横盘突破或趋势破位的情况以外，我所有的下单交易，都争取在盘口的低点买入，高点卖出。

最近三个交易日的 5 分钟高点，没有构成大跌，毕竟都是上升过程中的，级别都不很大。如果盘口的 5 分钟高低点，配合 5 分钟 K 线上的顶底结构，就有可能形成相对比较大的级别。所以做交易，就要"斤斤计较"，盘口知识应该是每位专业选手的必备技术。

·<·+·<·+·<·+·<·+·<·+·<·+·<·+·<· 作者点评 ·<·+·<·+·<·+·<·+·<·+·<·+·<·+·<·

关于在交易上，是否应该注意细节，这件事我认为是无需讨论的。你下单的那一刹那，其实是能看出来你的专业水平的。

韩寒写了一篇文章，叫做《专业和业余，我也曾对这种力量一无所知》，推荐大家看一下。

他从足球说起，他在班级联赛拿过全校冠军，拿过中学生比赛的四强，曾经有梅西和贝利的感觉，一度想去职业联赛试试水平。然而，这一切都在一个下午结束了。他们一只高中优秀业余队，踢一只职业联赛的儿童预备队，才五年级。去的时候欢声笑语，还说高中生让着小学生一点。结果上半场20分钟，被小学生灌了个20比0。下半场被吹停了，因为怕影响小选手的身心健康。

所以，当他听到某人说自己组织的球队上去踢都能比国家队踢得好的时候，他也曾经对这种力量一无所知。

说到这，我想说的是，我也曾听到过类似的话，他上去踢也不比国足差，问题是当我看到他的严肃表情的时候，我心想，坏了，这家伙真的相信自己真的能行了。

因为无知，所以无畏。

当然，我也有过对于股票市场无知无畏的阶段，后果自然是被市场狠狠的教训。从那之后我始终把风险控制放在交易的第一位，我知道了投资领域专业和业余的区别。

追求细节，就是追求专业。

业余的顶级要比大众差得特别多，比方说足球、篮球、台球、象棋、围棋、跳水、击剑几乎所有的竞技项目。

但专业的顶级比业余的顶级差得并不多，很细微很小，但就是这些细节才体现了专业性。

我有时候为了战略，会特意提示大家不要追求细节的完美，但大家想过没有，为了战略需要而降低战术要求，同样是在追求一种细节啊。

行家一出手，便知有没有，我十几年如一日的没有做过比较糙的交易。

2010 年 6 月 3 日

一致性获利法

判断第 4 浪结束的"一致性获利法"，并非是我的发明，甚至都不能说是我发现的，早在十年前的《混沌操作法》一书中，作者比尔·威廉姆就曾经写进了书里。其实这本书，只有这个方法引起了我的注意，因为在初期研究数字化定量分析的时候，市面上供我参考的书籍里，数字的部分很少，大部分都是形态学和指标的，只有这本书里面提供了数字和定量的概念。（其实它的 MFI 和其他方法我都做过测试，基本否定了其 A 股的实用性，只有这个研究 4 浪结束的方法我反复研究，很神奇，里面有很深的数学逻辑。）

不久，我就发现了这个方法的局限性。比方说，如果单从浪形上划分，30 分钟线和 15 分钟线基本属于同样的 3 浪下跌，但如果你都用(5，34，5)的话，上穿 0 轴的时间肯定不相同，而且误差很大。所以，我最开始做的测试是，如果 30 分钟线的参数正确的话，由于 15 分钟线的 K 线数量是 30 分钟线的 K 线数量的 2 倍，那么 15 分钟的参数也应该是 30 分钟的 2 倍，所以你把 15 分钟 K 线的参数乘以 2 就调成(10，34，10)，上穿 0 轴同样见到高点，分毫不差。

可我还是觉得太麻烦，我需要一个固定的公式，以解决浪形结构的时间跨度问题。最终，我得出了固定地算参数的公式，并把它毫无保留地写在了我所著的《数字化定量分析》一书中。希望大家能够打开思路，不要过多局限于研究形态、指标等传统方法，能够勇于创新。从数字运行规律方面的研究，还有很长的路要走，但**数学的逻辑一致性**，能否为你的交易保驾护航。

---------------------- 作者点评 ----------------------

逻辑一致性，这是一致性获利法的时间跨度研究的主要思想。

交易所出来的数据，并不像大家想的那样，是 K 线。直接画好了日本蜡烛图或者是美国线，交易所只提供三个数据：时间、价格、成交量。然后，证券软件公司将数据进行加工，得到日线、分时线、分钟线，连续的记录，形成价格图标。

分钟线就是切周期，15 分钟线就是当天开盘后每 15 分钟切一个 K 线周期，30 分钟线就是每 30 分钟切一个 K 线周期。

一致性获利法，从 1 浪起点到 3 浪终点的 K 线数是 60 根，这样的前提应用一致性获利法找 4 浪终点效果才好。但不是所有的行情都是 1 浪起点到 3 浪终点都是 60 根线啊，但如果是 60 根是不是就符合了呢？逻辑上是行得通的。

比方说 30 分钟线 1 浪起点到 3 浪终点 K 线数是 40 个周期，怎么才能变成 60 个周期呢？就是每 20 分钟切一根 K 线，但很多软件没有 20 分钟线呀，或者很不方便调用，所以就有了我的一致性获利法的时间跨度研究，即调整周期来适应标准参数和调整参数来适应周期，这两种方法是有数学上的逻辑一致性的。

 ## 2010 年 8 月 16 日

波浪理论与千人千浪

今天深成指一鼓作气拿下了反弹的最高点并创出了新高，这也代表 5 浪上升的正式成立。4 浪的低点已经成为过去，我很少谈过去，博文里大部分都是谈未来的，谈明天的。但研究 4 浪结束的这个方法，我认为大家可以做深入的了解。这个方法的原著是美国的比尔·威廉姆，我在做了深入研究之后，解决了时间的跨度问题，我把它写在了我所著的《数字化定量分析》一书中。

虽然这只是个研究 4 浪结束的方法，但至少在波浪理论的领域起到了很重要的作用。曾经有一段时间，我一度放弃深入研究波浪理论，因为"千人千浪"。艾略特先生直到去世前，并没有给出能够更贴近且容易分辨的标准答案，以至于太多的人在研究波浪理论的过程中各执一词，争论不休，也才有后来的"千人千浪"。我一开始不喜欢研究波浪理论，也是因为没有标准答案，没有答案就没有方向。

但凡事有其不足的一面，也有优秀的一面。波浪理论流传近百年至今，能够经久而不衰肯定不是偶然的，必然有其独特的地方。后来我放下成见，**重新研究了波浪理论，比以前能够豁达不少，波浪理论正确的部分我固然能够接受，不足的地方我现在也能够接受了**。感觉对波浪理论的研究上了一个新的层次，但具体是什么？我说不好。

如果说千人千浪是波浪理论不足的话，那么对于市场的"定位"左右侧，波浪理论绝对是优秀的。比方说，我说日线目前运行是 4 浪反弹，那么就代表后面还有下跌，并很有可能是最后一跌。比方说，我认为周线目前应该是 2 浪调整，那么就表示 1664 点这波周线的下跌也必不会破。再比方说，分时线上找的是 4 浪低点，那么这里的上升，应该就是 2319 点以来的最后一波上升了，我们也可以叫它 4 浪 5。

如果是 5 浪的结构，从自相似的角度来讲，1 浪和 5 浪是最相近的。一个是新生阶段，一个是衰退阶段。而 3 浪是鼎盛时期，所以其时间和空间都要比 1 浪和 5 浪更大一些。

━━━━━━━━━ 作者点评 ━━━━━━━━━

在波浪理论上，我有"正反合"的阶段。说男人三十而立，为什么这么说呢？因为三十岁的男人经历过了"正反合"的阶段。什么是正反合呢？就是你在学校里学的是正的一面，然后你离开学校进入到社会，遇到了一些和学校讲的不一样的反的一面，这在你的价值观里会起到一定的冲突。随着时间的流失，你开始慢慢地接受正的一面，也接受反的一面，理解和包容它们，正的和反的能够在你那融合了，这就是正反合。

我一开始不喜欢波浪理论，因为波浪理论没有答案，每个人都觉得自己的浪形划分是正确的，这就好比做一道不知道有没有解的难题，做到一半的时候，你不知道有没有正确答案，会比较崩溃的。

后来我之所以能够融通波浪理论，是因为波浪理论是有数学和哲学基础的。数学的基础是费氏数列，2浪和4浪对比1浪3浪5浪是0.618的关系；哲学的基础是新生、鼎盛、衰退的转变过程，1浪是新生、3浪是鼎盛、5浪是衰退。

当我研究了波浪理论的数学部分和哲学部分后，我觉得第一个难题其实不用解，千人千浪不是问题的关键，关键是你怎么划浪，你有了标准之后，无需在意别人怎么划。

而波浪理论你说1浪，这是刚开始；你说3浪就是鼎盛；你说5浪，这是快结束了，大家很好理解。在描述你要形容的大盘的现有状态和描述未来状态的时候，波浪理论是最优的，没有之一。

 2010 年 8 月 25 日

知行合一

时至今日，写博文已经满三年了，风风雨雨一路走来，有喜有悲，有欢乐也有烦恼，现在最明显的进步是比以前成熟了，刚开始的时候是有一点青涩，自己要表达的会比较婉转，也许是因为怕被人说狂妄，或因为怕错，人嘛，又不是神，总是会错的。

现在对错对我自己的影响并不是那么大了，因为我明白了坚持的力量。我一直用自己的方式来写分析，尽量少谈个股，尽量少报喜不报忧，尽量少多空两头堵。用一种平和的、逻辑推理强的、温和的、简单的方式，来描述和表达自己的思想。

我相信这种坚持是正确的，高达 11 亿的点击总量，至少能够说明有部分人群对我的认可，谢谢大家一直以来的支持。坚持是一种信念，你可能看不到在我低调的文字里面有着这种十年磨一剑的信念。我一直很小心地隐藏着自己的情绪，很少写这种带感情的东西，但今天我要说的是坚持的意义。

股票市场里，死多和死空如果不计算时间成本，是不会有很大损失的。损失大的，往往是那种摇摆不定的人，市场里有太多的诱惑影响着我们的判断与分析，使我们开始怀疑我们曾经相信的，然后就是动摇，再然后就是错误的决定。

8 月 12 日，指数已经连续多日大幅调整，我坚持那里是 4 浪低点，之后有 5 浪上升。而在 8 月 12 日有很多人认为已经筑了顶的，当指数刷新了高点之后，就反过来看多。前天有很多人抱怨下跌的速度过快，没来得及出，到了昨天上午大涨的时候，就把 5 浪的风险抛到脑后，有次高点能出却不想出了。我在坚持着这里有风险的判断，并于昨天中午大涨时写博文：主要任务是卖出。其实我是知道坚持的意义的，**我怎么去分析的就怎么去交易，从而做到"知行合一"**。如果错了，就认错和纠错，但这之前，必须坚持思想和行动的一致性。

对浪形的判断是让我们知道自己置身何处，对结构的判断让我们把握住局部的细微，对趋势的判断是为了防止我们发生原则性错误。今天上午上升趋势线已经被向下击穿了，也就是说，在浪形和结构之后，最后一道防线也被击穿了，市场里已经找不到做多的理由。5浪上涨完成之后，就算这里不是主跌周期，也至少会有一个ABC的日线调整。趋势破位不是好玩的，再乐观也应该先出来看看再说。

多则惑，少则明。想得过多，反而做不好交易。天道酬勤，而股道至简。

坚持是一种信念。

原配图（2010082501）

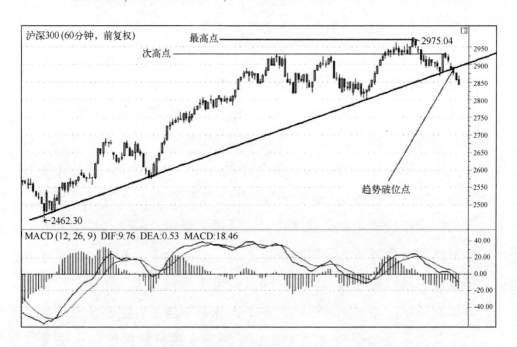

━━━━━━━━━━━━━━ 作者点评 ━━━━━━━━━━━━━━

当我听到"知行合一"这四个字的时候，非常喜欢，我一开始并不知道这是王阳明的核心思想，我也不知道知行合一的"知"原来王阳明指的是良知的知，而我一直以为是认知的知。后来觉得应该尊重大思想家王阳明，我有一段改称之为"思行合一"，但是学员们都叫知行合一比较顺口了，故还是说知行合一吧。

但我提到的知行合一，是认知的知。对于市场，怎么认知的就怎么行动，是交易领域思想和执行的完美统一。

━━━━━━━━━━━━━━━━━━━━━━━━━━━━━━━━━━━

 ## 2010 年 10 月 31 日

对冲套利

在上周四的盘中同步分析提示里，我简单地介绍了关于做多股票现货、做空股指期货对冲存在的套利方法。由于当时的时间有限，我并没有详细地介绍其具体应用，今天做一下系统的讲解。

我们找到上周四的沪深 300 收盘价，3397 点，当天的即月期指点位 IF1011，3513 点；当天的下月期指点位 IF1012，3569 点。期货点位如果比现货高，叫做升水（低，叫贴水）。如果升水过高，或贴水过高，都可以应用对冲进行低（无）风险套利。我之所以说它是低风险而非无风险，并不是指方法本身，而是在操作上。

当升水过大的时候，可以用做多沪深300股票或指数现货（包括ETF和一篮子股票），同时做空等量的股指期货（不是保证金额），因为期指到期结算时，用的是最后交易日的现货进行结算，所以升水和贴水必然回归现货，这是游戏规则，根据这一游戏规则进行套利。贴水反过来交易，做空沪深300股票或指数现货，目前在没有股票的前提下，只有融券可以空，同时做多股指期货。

套利操作要点主要有三点：第一，对冲要对等。我举的例子是在目前的情况下，做空10手股指期货，做多1000万现货。也就是说做空1手，要做多100万。这是为了大家好记，当然这个标准只是在现在的条件下。如果在2319点的时候，这个做空的价格是不一样的，但你可以计算出来。比方说2319点做同样对冲，做1000万现货多，就要空期货14手。我可以给一个1000万的标准，现货指数：A，用 $10000000/(A \times 300) = X$，X是要对冲的手数。

第二，在计算好对冲的对等条件下，除了多空双方必要的资金总和以外，还要有一部分资金抗风险，我个人认为1倍的保证金足够，以防止升水或贴水近一步扩大时，对操作对冲双方的影响。

第三，怎样尽量确保买入的现货波动跟沪深300指数的波动相同。300ETF最贴近，或一篮子股票。假如你不想那么麻烦，只想选择沪深300样本股里边的股票进行对冲交易，你一要分散资金，二要分散板块。这两项都是为了尽量使现货做多的收益跟指数的收益相同，分散资金是为了要尽量保证所买股票不会和指数的涨跌幅度有较大的偏差，分散板块也是为了这一点。有人选择沪深 300 股票当中影响力最大的股票进行对冲，这样做是错的。要尽量每个板块选一只权重股，才能做到分散，而不是集中。比方说周五，沪深 300 权重股前 10 名里基本都是银行，如果你选择银行股做对冲，你基本没利润可赚，因为大盘虽只跌了 0.5%，但银行股的跌幅近 2%。

做好了上面的三项，你就可以套利了。收益率，周五的中午说过了，差不多 1 年的利息才 2.5%，这么做(下月) 1 个半月就能得到近 4.2% 的收益，而(即月)半个月的收益近 3%。这对大资金来讲是免费的午餐。

当我捅破了这层窗户纸后，很多资金开始反应过来了，我周四写的文章，周五在指数平开的情况下，股指期货低开了近 50 多点，最终收跌 96 点，升水被消灭了 80 点，周五当天套利的收益率就应该在 2%。现在已经没有套利的机会了，只能对冲来平衡风险和收益。

+·+·+·+·+·+·+·+·+·+·+·+·+·+·+·+ 作者点评 +·+·+·+·+·+·+·+·+·+·+·+·+·+·+·+

对冲套利是一种套利方式，一种常见的套利方式，其实对冲是对冲，套利是套利，用对冲的方式套利才叫对冲套利。

有一阵子我专门研究过套利，包括跨期套利、期现套利等等。套利一般来讲是低风险低收益的方式，是一种专业性更强的交易方式。它的风险回报比跟股票并不在一个维度上，我研究是因为存在差异性投资需求。

套利的方式主要是对冲，期权的三脚交易不谈，太深了。我们主要说一下双向套利。双向套利，第一步是监控套利机会；第二步是下单交易；第三步是应对市场变化。

敞口一旦大于某个值，就存在套利机会，很多人认为这个太难，其实这个一点都不难。做套利的都知道，套利在理论上是不存在风险的，但实际当套利机会出现时，你却不一定能下单进去，尤其是交易瞬间波动大的时候，对冲需要两张单同一时间一起下单，一个做多一个做空。如果只下成功了一张单，另一张单没下进去，就是套利的风险了。

还有就是市场会变化：套利的人多了，套利的空间就会小，套利的空间小了，套利的人就会少。随着交易工具和交易速度的提升，套利的空间越来越小。这有点像比特币挖矿，挖矿的效益高了，挖矿的人就变多；挖矿的人多了，挖矿的效率就变低。

所以，研究了一段时间之后，我感受到，套利不是我们的未来。

 2010 年 11 月 7 日

3Q 大战

由 360 和 qq 纷争说开去。

360 和 qq 之间的事情，大家可能已经都知道了吧。本来我是中立的，各方面都有自己的苦衷或自己的利益，后来腾讯强迫用户进行 2 选 1，这招棋实在是昏招，使得很多中立的人倒向了

360 这边，即便原来是腾讯阵营里的很多人。

就是因为用户不喜欢被强迫，为了生活我们有时候需要被强迫工作，为了房子我们有时候被强迫还款，为了分数我们有时候需要被强迫苦学。现实社会里，已经有太多的东西给我们带来被强迫感，这种感受埋藏在心里已久，有些无奈、有些愤怒。

现在连上个网也要被强迫，腾讯作为最大的 IM，通过强大的客户端，强制弹出窗口，让你去看新闻，原来只有腾讯一家。现在 MSN 会强弹，迅雷会强弹，搜狗输入法也会强弹，乱七八糟的各种程序、各种公司都强弹窗口。上帝啊，如果我有炸弹，我就把我桌面上的强弹都给炸了，让这个被强迫的网络时代早点去见鬼。（新浪至少目前还没强弹，赞一个吧。）

股票市场呢？其实也一样。6000 点的时候，市场一片看多声，无论电视、网络、身边的朋友、家人等都在告诉你应该看多，1664 点呢，好像所有的声音反都过来了，都在告诉你后面还要跌。众多机构希望能够强迫你接受它们的观点，众多人士希望能够强迫你跟着他走。在这个被强迫的时代，我们到底应不应该有自己的思想呢？我们坚持的难度有多大？

我要说的是，在股市里，重要的是坚持自己想法的人。我在写博文的时候，跟别人有两大不同之处：一是我在写未来的事情，对过去往往我很少提及和评论。**写未来肯定没有写过去准确率高，这是必然的**。但对于操作，我们更关心的到底是未来还是过去？二是在我每次分析未来的结果中，都把得出这个结果的分析过程写出来，这样你就可以知道为什么，为什么对，为什么错，错在哪了，怎么纠错。分析的方法和逻辑推理在这，你就可以自己分析。我不希望大家跟着我走，我希望大家能够自己走。

分析和交易其实并不难，当你摆脱了被强迫之后，**拥有自己的交易思想，并坚持自己的交易判断，你就获得了真正的交易自由。**

作者点评

写未来肯定没有写过去准确率高，当我第一次听到这句话的时候，哑然失笑。这其实是为什么市场评论爱写过去，不爱写未来的主要原因。我十年如一日坚持写未来，不是因为准确率的问题，我对未来如果没有准确率就不会得到大家的认可。但令我哑然失笑的是，竟然有人说写未来肯定没有写过去准确率高。在我的逻辑里，写过去不涉及准确率的问题，写过去你都写不准，那是智商问题。

2010 年 11 月 14 日

黑色星期五

黑色星期五，这么说不过分吧。

左侧交易选择高点卖出的，会回避掉这次的下跌，分时线趋势线破位的时候卖出的，也会回避掉这次下跌。**时空和结构最快，但容易卖早，趋势最慢，却能保证我们不犯原则性错误。**在行情上升速度很快的时候，我是一直看涨的，直到上升的速度开始变的缓慢，虽然仍在上升，但有筑 3 浪高点的可能性。有时候在上升的速度放缓后，分时线就会形成顶部结构，但这个结构有可能是多重的，即在形成了一次高点之后，经历小阶段回调再次形成分时线高点，比原来的高点略高一些。其实在分析上，我是很难下结论的，因为我知道这里大方向是要筑 3 浪的高点，但并不能确定到底是在哪里开始确定性的下跌。

如果我们采取左侧的交易方式，分时线有多个重要高点可供我们逢高卖掉。但左侧交易容易卖早，你要抗住当分时线再次创新高的时候，对你心灵上的冲击。只有你坚定这里大方向是构筑 3 浪的高点，会形成 4 浪调整，你才能够拥有坚定的信念，信念是你抗住市场波动的最佳利器。我一直在强调这个 3 浪高点的概念，并多次指出，你没有必要去追求卖在最高点，次高点难道就是错的吗？

我第一次提出带顶部结构的左侧交易高点，并直接给出"卖"字的时候是上证指数的 3041 点，2010 年 10 月 26 日当天的最高点。如果你看上证指数，你可能会觉得这里距离最高点 3186 点还有 145 个点呢，卖得太早。但如果你看深成指，10 月 26 日当天最高点我提示的第一次卖出，就是十一长假暴涨行情的结束。那里我用的左侧交易方式，即用结构和盘口的知识找到一个相对的高点，虽然我并不确定那里是最高点，盘中的时候也说了。但对于交易本身，你并非一定要去追求最高点，（这次的最高点 3186 点如果你去追求的话，多半套在了现在。因为它是瞬间形成的，很快，快得让你反应不及，出其不意的在最后的 30 分钟里快速下跌，然后次日再来一个大跌，全套住了，主力手法很凶悍。）

第二次提示的是 30 分钟趋势破位的时候，也就是右侧交易，时间应该是 11 月 9 日那天的下午。而之前就有提到趋势的重要性和意义，左侧出现高点的时候，你可以逢高减仓，因为那里只是滞涨而已，但形成了右侧高点之后，其后要面对的就是下跌。这样你再回头看我上面说的话，时空和结构最快，但容易卖早；趋势最慢，却能保证我们不犯原则性错误。

当在看涨声一片的时候，没人会提示风险，我提示了却得不到大家的认同。只有遭遇到这样的一次下跌之后，才会有人明白市场是什么。有时候这就是宿命，有时候你必须经历这一遭，当我们经历得多了，我们才会更成熟。重仓的人，不必灰心，星期五的下跌只是长征途中的一小步，当你拥有坚定信念的时候，你对市场才会有全新的认识，明天才是真正属于你的明天。

过去的事，我不想谈了。对于后市，我建议急跌不言底，短期的下跌速度过快，所以轻易不要去抢反弹，只有在分时线下跌的速度开始慢慢变缓，才会形成较重要的分时线低点。这个点最早要在周一的下午之后才能够形成(我的形容词是最早)。你可以注意我的盘中同步直播，我的直播很简单，但绝对有价值。

至于下跌的过程中什么板块可以关注，什么选股方法最好，这个问题，我通过多年的交易，可以告诉大家的是，快速下跌的过程中找逆市的板块和个股，风险太大。像周五，什么选股方法，都不管用。大家要记得，机会存在于 4 浪末期，只有在大盘脱离日线的下跌压力，选股的优势才能够体现出来，尽管我现在很少在博文里谈及个股(如果我谈了个股，之后涨了，有人会怀疑我利用影响力，拉抬股价从中获利。如果我谈了个股，之后跌了，又会有人怀疑我帮庄家出货。据我所知，确实有利用影响力帮庄家出货的。)但对于选股，我认为是在操作当中最为重要的一个环节。

+-+-+-+-+-+-+-+-+-+-+-+-+-+-+ 作者点评 +-+-+-+-+-+-+-+-+-+-+-+-+

在我的交易体系里，有些词是具有全息属性的，什么是全息，就是包含了市场的全部信息，就像一片落叶而知秋。

我总结为四个词八个字：空间、时间、结构、趋势。

空间、时间和结构是左侧交易，左侧交易快，但容易卖早。趋势是右侧交易，右侧交易慢，却能保证我们不犯原则性错误。

这个思想我一直沿用至今。

+-+

 ## 2010 年 11 月 17 日

乐观面对市场

昨天在博文里论述了在今天有可能形成 3186 点以来的下跌结束，并表示了尽量在盘中把这个低点找到。今天我全天都盯在了盘面上，片刻不敢松懈，但实话讲，今天全天都没有出现分时线带结构的盘口重要低点。有的时候位置虽低，但没有结构；有的时候有盘口结构但位置不够低。直到今天下午临近收盘的时候，14:52，我在盘中给出了这个重要的低点，并用加重的黑色字体进行了重点提示。其实我考虑到了今天的大幅下跌，明天可能会有惯性下冲。但我经过慎重考虑，还是给了这个 5 分钟低点。

主要原因有，首先这个低点是带分时线 5 分钟结构的，除非明天出现暴跌，否则这里的有效性是很强的。而经历了连续的大幅下跌，明天继续出现暴跌的概率依然不大，所以即便惯性下冲一下，距离这个低点的位置也不会太远。其次，目前价格距离分时线的下降趋势线非常近，哪怕只有一个 1 个小时左右的连续上升，也会形成趋势的突破，那么如果等到了那个时候，从右侧交易的角度来讲，分时线也将降低，但我们操作起来会很被动，因为这里本身并非是日线下跌结束，即之后的上升暂只能定义为反弹，这个反弹的空间本就小，假如你不是买得足够低，短期获利的难度将非常大。所以我决定分时线不等趋势了，结构和盘口形成即提示低点。

如果明天早盘还有惯性下冲的动作，有可能还会出现一个低点，要比这个低点位置更好，但应该不会距离这里很远，也就是今天的低点在分时线是有效的。而如果明天不惯性下冲呢，这里就有可能形成这波下跌的最低点。李宁，一切皆有可能。从这个角度分析，也应该进行低点的提示。今天虽然在盘中的最后一刻，还是提示了低点，是为了告诉大家，不到最后一刻，不要轻言放弃，耐心、细心、决心、忍耐，厚积而薄发。

那么这里是不是日线 4 浪下跌结束的位置呢？我认为不是。尽管空间的快速下跌，使得空间迅速的拉大。爱因斯坦的能量守恒原理告诉我们，如果能量是守恒的，那么空间和时间将呈反比，也就是我们常说的用时间来换空间是对的，在哲学的领域能够说得通。那么空间也可以换时间，即调整的空间大，时间必然不会很长。假如这里是 4 浪，4 浪下跌结束将在近期快速形成，但不是这里。

你仔细观察这里的分时线，除了 5 分钟线有底部结构意外，15 分钟不很清晰，30 分钟和 60 分钟更是没有出现过。想要更大一些的分时周期形成底部结构，就需要一个次级别的反弹，然后再下，才会形成日线 4 浪调整结束的低点。跟我昨天描述的并没有很大的区别。

4 浪末期，才是大机会，距离现在已经很近了，虽然我提出了，最快也要在周五下午才能形成。那么这些天你要密切地关注市场，不要远离，以防止市场出现突变。也可以关注我的盘中同步分析提示，如有变我会在第一时间指出。

我并不担心，4 浪的低点我们找不到，我担心这里不是 4 浪回调，那就要重新开始认识这里的下跌。但这之前，我们先**乐观地看待这个市场，让我们用一种更为健康、更为积极的心态来面对吧**。

━━━━━━━━━━━ 作者点评 ━━━━━━━━━━━

凡事都有双重属性，每个人生下来也都积极的一面和消极的一面。我常看到市场上有太多消极的、悲观的情绪，其实事情没那么糟糕，尤其是股市里。竞争无所谓环境，我们面对同样的市场，同一个股市。

悲观往往正确，但乐观往往成功。

2010 年 12 月 3 日

绝对高手的背后

最近看电影，有人把车开到悬崖边上只差一尺的场景，高手，绝对高手。可是那是在电影里出现的场景，是一种理想。我也想最高点的时候卖出，最低点的时候买入，当绝对高手。而现实中呢？多少想当绝对高手的人，落身悬崖了。股市有个秘密，就是只能听到过五关斩六将，听不到走麦城。所以，想当英雄的多，想当绝对高手的也多。当几次吧，过过瘾，然后保准你不想当了。

—————————————— 作者点评 ——————————————

交易是真实的，交易不是拍电影，更不是听评书。你能想到的那些超级英雄大多都被神化了，但你需要知道什么是真实，什么是踏踏实实，脚踏实地交易的感觉。

我有时候也被神化，我并不喜欢那样，因为那会形成对我的预期过高而产生的心理落差。这就是我一直坚持平淡的叙事风格，我其实一直是我。

大家也别追求那些虚无缥缈的交易，光鲜亮丽的背后是巨大的风险，风险是源于对绝对高手的追求，这跟追求完美交易一样，也许本身就是一种错误。

2010 年 12 月 15 日

分散投资还是集中投资

去年 12 月的最后一天，王亚伟的华夏大盘和银华基金在最后一个交易日的最后时刻，竞争是非常的惨烈，除了拉升自己的重仓股以外，还要打压对手的重仓股，而且还需要联合一些圈内人士共同操作，最后以微弱的优势华夏大盘胜出。胜出的不止是操作，还有人脉和优势。

其实规模资金交易，无非就是研究两个点：一是选股，一是择时。但目前的规模资金，由于种种原因限制，绝大部分都是在选股上下功夫，很少有择时的。这样在交易的过程中，几乎拼的就是资源，包括人脉资源、政治背景和信息资源。华夏大盘为什么每每能提前在公布资产重组前精确的埋伏，如果单纯地凭运气，这运气是否太好一些了呢。

成功就有道理，至少此刻最明星的基金就是华夏系了，在收益排名第一的光环下，谁去在乎其到底是怎么挖掘这些题材股的。所以，规模资金至少在现在的这个阶段形成的资源优势，是普通投资者所不具备的。如果你单纯地去追求高收益，向基金公司学习，却没有规模资金的优势，必然会承担高风险。基本没听说过高收益还低风险的，嗯，那可能就是老鼠仓了。可老鼠仓风险真的低吗？未必。

所以，各路资金年底争排名，使得机会将明显地存在于个股上，而三季度到四季度明星基金都会进行部分的调仓，让想跟风坐轿的投资者竹篮打水。所以这个机会还真不一定存在于基金重仓股上，如果大盘的环境还不错，先选的不如现选的。

而普通投资者的优势在于，可以把资金更加的集中，并且可以在选时上多下功夫。强势里多做热点股，热点里多做龙头股。基金分仓，是因为资金量太大，鸡蛋放在一个篮子里要求是有足够好的篮子，并且能支持他放那么多的蛋，难道他不想放吗？所以，认真思考，以己之长攻彼之短，才是王道。

— 作者点评 —

当我十年之后再看到当年的关于分散投资还是集中投资的观点时，会觉得现在更成熟了。当然这并不代表我当年的观点不对，散户的优势是集中投资，但集中投资又会导致承受力变差。如果考虑到承受力问题，我现在只是建议，承受能力强的，才选集中投资。承受能力差的，分仓更优。

分仓不只是为了防黑天鹅，分散投资能降低异常波动对操作心态的影响。

 2010 年 12 月 22 日

C 浪下跌

日线的 C 浪下跌将从近期开始。

这段时间，无论是上涨还是下跌，其实我的结论一直是更倾向于 ABC 的日线调整结构，之间时常处于 B 浪的反弹过程中，这个反弹很复杂，经历的时间比较长不说，每次遇到快速的下跌，在没有出现分时线结构的时候，都被异常的拉回。但在拉回之后，并不形成向上的有效突破，而是缓跌，再加速，跌到恐慌的时候，再拉回。反复多次，就形成了现在的分时线结构。

但正是因为这种情况在市场中反复出现，会随着出现频率的增加再次出现的有效性会降低。而出现的频率一旦多了，就会在短期和局部形成惯性思维，我常思考主力为什么每次日中大幅下跌，又都在盘中快速拉回，它的目的是什么？那么最终，我感觉到了这种惯性思维的形成之后，当再次遇到大幅下跌的时候，会潜意识地告诉自己并不可怕，收盘会收回去。当这种惯性思维根深蒂固的时候，主力势必反向操作，才能收到奇效，否则不白浪费了 1 个多月做的局吗？所以，下次再出现下跌，盘中必将一去而不回头，从而引发日线 C 浪下跌的开始。

那为什么会说 C 浪下跌将从近期开始呢？经过了近些天的市场分时线的反弹，消耗了很多的反弹周期，如果是 B 浪，那么这个 B 浪已经走到了极限。5 浪上升的话，早上去了，何必在这拉锯。既然 B 浪走到了末期，就代表了 C 浪即将开始，最快，将从明天开始。而 C 浪下跌势必会击穿日线的上升趋势，当上升趋势破位后，各路资金的止损盘将会蜂拥而至，以完成 C 浪下跌的鼎盛时期，也就是主跌时期。

主跌时期过去之后，市场的投资机会将会重新显现出来。其实单就蓝筹股而言，即便是现在也是遍地黄金，而交易的乐趣就在于，我们要寻找和等待最合适的时间点，之前的忍耐、痛苦与折磨，是必须经历的过程。

后配图（2010122201）

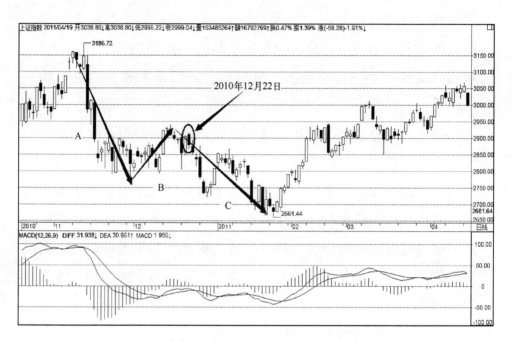

因为第一波跌速太快了，之后的反弹平而无力，我认为会有第二波下跌，而第二波速度上很难超过第一波，所以应该属于衰退浪，这是我判断 3 浪 ABC 结构而非 5 浪 12345 结构的主要原因。

2010 年 12 月 26 日

货币政策和股市的关系

关于加息，本来我实在不想多说什么，以前在博文里已经有过论述，对市场的影响不大，如果市场在加息之后产生了比较大幅的上涨或下跌，跟加息也没有太大的关系。通常来讲，紧缩的货币政策，回收流动性，对股市是利空。但如果遇到上升趋势，比如说 2006 年和 2007 年，低开也会高走。同理，降息高开之后低走。而如果你用统计学的概率分析，你会发现近 5 年来，加息多半导致次日股票上涨，降息导致股票下跌。按这个说法，加息对股市来讲不是利空，而是利多。降息也不是利多，而是利空。

其实根本的原因并不在于加息或降息对股市的影响，而是相反，股市影响着货币政策。如果股票市场持续走强，于社会就会出现明显的赚钱效应，赚钱效应是投入股市的最大吸引力，当大量的人涌入股市的时候，又导致了股票进一步的上涨。在抢帽子的游戏里，几乎前面的人，都在盈利。暂且不管谁成为最后的买单者，至少在买单者形成之前，股市一片欣欣向荣。上升趋势里，赚钱就比较容易，赚得容易，消费起来也就容易。股市里赚的钱，和工作赚的钱，在消费上根本不可同日而语。所以，每当牛市的时候，物价就上涨，央行就加息。熊市的时候，购买力下降，央行就降息。

加息的时候通常是上升通道，上涨是常态，所以加息股价通常会低开高走不跌反升。反之，降息的时候通常是下降通道，下跌是常态，通常是高开低走。其实这也正说明了，对于市场的趋势和规律而言，即时的消息，只能暂时地、短期地影响股价，走势通常会马上回到规律当中。它不是市场涨跌的根本原因。

而这次只加了0.25，是在加息里最小的一次，没准是好消息，至少短期内再加息的概率不大了。真正重要的是趋势，周五盘中跌破了趋势，那么周一如果由于加息而导致低开，就必须在开盘后的30分钟内收回来，收到趋势线之上。否则就确认了C浪下跌，有可能引发规模资金的风险控制，**即便出现了下跌，跟加息也没有太大的关系。**

------------------------------ 作者点评 ------------------------------

货币政策和股市的走势，我并没有发现很多的正相关性。历史数据显示也没有很强的正相关性。宽松的货币政策股市未必涨，紧缩的货币政策股市也未必跌。

我判断这里是有日线C浪下跌的，所以下跌本质是股市运行规律使然，而非货币政策。

 ## 2010 年 12 月 27 日

中国股市是政策市吗？

昨天在博文里说了，即便出现了下跌，跟加息也没有关系，从今天的市场表现来看，基本是符合这种情况的。马克思主义说过，外因改变只会改变现象，内因改变才是规律的改变。所以消息对于股市来讲，是外因，这点你一定得清楚。2007 年 5 月加印花税，次日大盘大跌，但没有阻止指数从 4000 点冲到 6124 点。2008 年两次调整交易印花税，虽然两次调整的次日大盘都出现了涨停，但也都没有阻止指数下跌到 1664 点。对于印花税的调整，央行的货币政策对于市场的影响要小得多，更没有改变股市运行规律的可能。所以，即时的利空或利多，只是外因，影响只是暂时的，改变不了股市运行的规律，即便短期脱离规律，但时间会让它重新回到规律当中。

关于中国股市到底是不是政策市，我实在不想多说了，我的观点一直未变，股市有自身的规律，政策也会充分尊重股市规律。其实也没有必要在这个问题上进行辩论、探讨和研究，见仁见智吧。

--------------------------------- 作者点评 ---------------------------------

关于中国股市是不是政策市的这个话题，其实是无解的。如果你认为是，那么我能举出很多实质性的例子，来证明政策救市基本上没有改变运行方向，在过去的 20 年里，因为政策利好大盘一共出现过 4 次涨停，大盘涨停哦。但每一次利好政策过后，都创了那一波下跌的新低。2015 年股灾国家队救市，也没有阻止股市创新低。

但我到是认为这样反而是对的，要尊重股市运行规律，越少的政策就是越好的政策。美国的股市相对成熟，越是简单的政策越是有效，美国证监会只监督和管理，尽可能地尊重市场，不干预市场。你可能知道美联储主席是谁，但你知道美国的证监会主席是谁吗？在我国的证券市场，证监会主席的知名度远超过央行行长吧。

我认为股市不是政策市。第一市场不买账，上面也举例说了。第二争论没有意义，政策普通投资者你有决定权吗？有时间争论是否是政策市，不如研究怎么做好自己的交易。

2010 年 12 月 28 日

年终总结

年底了，做个 2010 年博客一年的总结吧。

2010 年初，指数震荡盘上，我用日线的空间 123 求 4 得到了 3180 点，并且在博文里重点提及。几天后 2010 年 4 月 15 日，上证指数见顶，最高 3181 点，距离我给的阻力位只差 1 个点。相关分析《3180 点空间预测》发表于 2010 年 4 月 5 日中午 12：15。

其后的下跌，也成为今年最惨烈的一波下跌，我一直没有建议抢反弹，直到 5 月中旬，那里的反弹也正是下跌以来的第一波市场反弹。之后反弹的力度很弱，几乎是横着走，我当时感觉反弹不会那样弱，因为在级别上至少是日线级别的，所以在 6 月 28 日再次提示分时线低点，这次错了，6 月 29 日单日大跌，止损。

2319 点当天的中午博里是提示了机会的，并声明希望会在绝望中重生。随后日线的下跌趋势被向上突破，当市场再次回踩趋势线的时候，再次提示机会——只要下午创新低就有机会。相关分析《希望在绝望中重生》发表于 2010 年 7 月 2 日中午 11:30。

8 月 12 日不仅根据上升的浪形结构，把那波下跌定义为 4 浪调整，而且在中午的博文里精确了要在 14:00~15:00 最后一小时里 4 浪调整结束，并在当天的盘中同步分析提示里的 14:42 找到了这个精确的低点，随后展开 5 浪上升。相关分析见《2010 年 8 月 12 日盘中同步分析提示》。

8 月 24 日我确定了 2701 点为 5 浪上升高点，并在当天中午和盘中提示了卖出。相关分析《今天下午和明天卖出是主要动作》发表于 2010 年 8 月 24 日中午 11:30。

之后，我是看日线的大 5 浪调整的，虽然 10 月 1 日之前大部分时间是走弱的，十一长假之后 10 月 8 日再起的上升，我就知道出错了，而之后及时地进行了纠错，10 月 10 日的博文里，我就确认了已经不是反弹，是上升里的主升行情。并在随后的上升过程中以小周期为主，只要小周期上升的速度快，短期就跌不下来。相关分析《周一操作策略》发表于 2010 年 10 月 10 日上午 9:07。

确立了日线的 3 浪上升之后，我在博文里指出了两个 3 浪的高点，一个是左侧交易，在 10 月 20 日的 3041 点，虽然距离 3186 点最高点还有一段的距离，但 3 浪上升的第一波上涨终点就是 3041 点，我在盘口精确地把这个高点找到，并提示是最高点或次高点。相关分析见《2010 年 8 月 20 日盘中同步分析提示》。

3 浪上升，右侧交易的高点，是在 30 分钟上升趋势破位。前一天在盘口上提示了趋势破位，我在 11 月 10 日中午的博文里，又再次提示破位。相关分析《30 分钟上升趋势破位》发表于 2010 年 11 月 10 日上午 11:33。

3 浪高点形成后，市场出现了快速的下跌，在这个主跌的过程中，我一直不建议抢反弹，直到第一波下跌结束时形成的低点，考虑到那里并不是最低点，通常会有一个惯性的下探动作，但风险已经不像 3 浪调整之前那么大了，所以我在盘中说了反弹的机会。相关分析《周四操作策略》发表于 2010 年 11 月 17 日 16:16。

之后，市场震荡盘上，深成指尤为明显，到 12 月 14 日反弹到达顶峰，我在博文里仍然判断有 ABC 调整的可能性，并在 12 月 22 日确定了 C 浪下跌将开始，最快在明天。相关分析《周四操作策略》发表于 2010 年 12 月 22 日 16:10。

2010 年是明显的震荡市，行情并没有简单的方向。有两次明显的错误，6 月 28 日和 9 月末的日线 5 浪下跌，但这两次都做了认错和纠错。交易是一个过程，分析过程里不出错是不可能的，认错和纠错，其实就是在直面自己的错误。对错误只字不提的人，也许永远没有办法进步。总结 2010 年的整个一年，我认为在分析判断和交易领域还算是正常的。

━━━━━━━━━━━━ 作者点评 ━━━━━━━━━━━━

交易不是吃快餐，是一个连续的过程，我对市场的分析，也是一个连续的过程，它们之间是有呈起和因果关系的。

━━━━━━━━━━━━━━━━━━━━━━━━━━━━━━

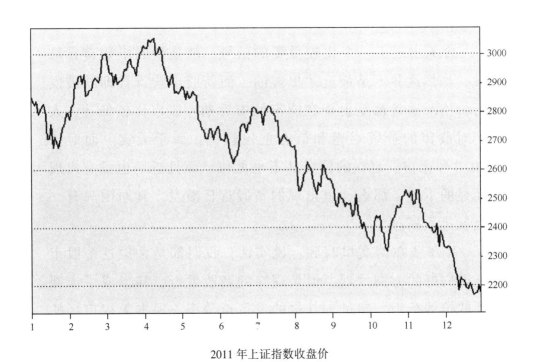

2011 年上证指数收盘价

2011 年 1 月 13 日

高市盈率发行的不合理性

今天出现了一个比较重要的信号，就是新股申购首日破发，当然这并不是最近才出现的，而新股申购首日即跌破发行价格，通常都是出现在熊市的中后期，股市比较低迷，人们对股市的投资意愿和信心也比较低，属于天灾。而对比2010年来讲，现在的位置并不是低位，而且近期也没有出现明显的下跌，那么这里出现的新股首日破发，其原因只有一点就是人祸。

中午我在博文里写到：说实话，我们都是希望这个股市能够向好的方向发展，但是现在的新股发行，却形成了赤裸裸的抢钱行为，超过 100 倍的发行市盈率，根本无视市场的估值规则。留下的呢？就是一片片的遗留问题。我曾经在博文里形容一级市场和二级市场的操作环境与难度，二级市场想赚点钱特难，多数尽门前土屋上无片瓦，一级市场呢？十指不沾泥，鳞鳞居大厦。保荐机构更可恨，为了争发行资格，拼了命地提高发行价格来讨好上市公司，管它二级市场死活。而巨大的保荐咨询费用，却是羊毛(上市公司出)出在羊(股民)身上。

那么问题出在哪了呢？我觉得最主要的原因是发行规则。保荐机构造成高发行价的背后，除了挨骂以外，其他也没有太好的办法，因为你报价低，股票发行方就不找你了，最终原因还是落在了机制上。今天的破发也许是好事，必须有阵痛，才会使得发行规则的改变，发行定价如果要合理，保荐机构需要承担高定价的风险，不能把利益都归到自己，把风险都归到二级市场。

高价发行最大的问题，其实是透支未来几十年的业绩增长，很多企业并不是把上市作为过程，而是把上市作为结果。把资本市场当成是取款机器，这对资本市场是非常有害的，所以解决估值问题，主要是要解决高价发行问题；而解决高价发行问题，最主要是研究发行机制。比方说加一条，如果首日上市低于发行价格，那么申购的投资者可以按发行价格卖给保荐机构，并且保荐机构回购的这部分股票，在上市后的半年或一年里，低于发行价格的前提下不得卖出。这样就逼迫保荐结构把市场的定价定得更趋于合理，不把风险转嫁给投资者。

+−+−+−+−+−+−+−+−+−+−+−+−+−+−+ 作者点评 +−+−+−+−+−+−+−+−+−+−+−+−+−+−+

在当时的上市标准里，是有盈利要求的，如果在一个没有盈利要求的发行机制里，谈市盈率是没有意义。如果是一两只股票高市盈率发行，也不代表普遍性，但那段时间的股票发行都是高市盈率。历史也许会记住那段时间，现在已经限制了发行市盈率了，所以才有新股连续一字涨停。

市值配售＋低市盈率发行，让二级市场投资者分享新股发行的收益，这才合理。

+−+

✅ 2011 年 1 月 20 日

当到了 14:45 的时候，我知道今天不会形成低点了，这个分时线的低点将有很大的可能性出现在明天，尤其是明天开盘后惯性下冲的过程中。结构上，15 分钟、30 分钟、60 分钟都伴随出现了底部结构，只要短期不加速下跌，一旦形成一个类似昨天的低点级别，各周期将形成少见的共振底部结构。而明天盘口形成的低点，就很有可能是这个结构形成的起点。

在浪形上可以看做是 C 浪 3 下跌的结束，昨天由于时间紧，说今天来论述 C 浪 3 下跌为什么是具备可操作性的。假如我们把日线看做是 ABC 下跌结构，那么当 C 浪下跌的速度比 A 浪的下跌速度弱很多的情况下，通常这个浪形结构只是 3 浪浪形的。也就是说，这里的低点有可能是 3186 点至今总的调整结束，至少是存在这种可能性的。在这种前提下，我是建议在 C 浪 3 的末期更积极一些，对于今年周线行情的期待也已经说过多次了，虽然现在市场走得挺弱的，但当你看到强的时候已经晚了。眼睛是滞后的，要靠头脑去思考。

那么**为什么选择在 C 浪 3 末买入呢**？如果后面还有 C 浪 5 下跌，会不会买早了呢？首先我觉得这波下跌，是有可能形成 C 浪 5 下跌的，但 C 浪 3 末期买入的原定计划并没有改变。考虑到整体的市场形势，"防范踏空"是现在主要的操作任务。**大家请看图，3 浪末期买入位置可能没有 5 浪末期价格更有优势，但空间上我们从图左边的起点看，3 浪末期和 5 浪末期在空间**

上相差无几。也就是说，主要的下跌空间 3 浪已经回避掉了，并不存在比较大的系统性风险。而如果市场并不走 5 浪下跌，只是 3 浪的下跌结构，选择 3 浪末期交易还能避免踏空。所以经过认真和仔细考虑之后，我决定底仓的布局选择在这里。

原配图(2001012001)

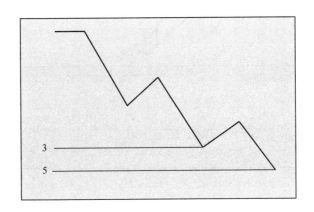

空间上重点注意的是 2655 点，但大家不必一定非得等到这个点，空间定量的时候，我们没有办法做到精确，就像我们没有办法用米尺去测量大米的高度一样。我们可以用空间定量先有一个区域，而见底的时候通常会在分时线和盘口上带有一定的迹象。所以，现在市场已经进入到这个高度敏感区，请密切关注我盘中同步分析提示，尤其是明天的。

刺刀见红的时刻，是需要勇气和信念的。

就在明天。

后配图（2011012002）

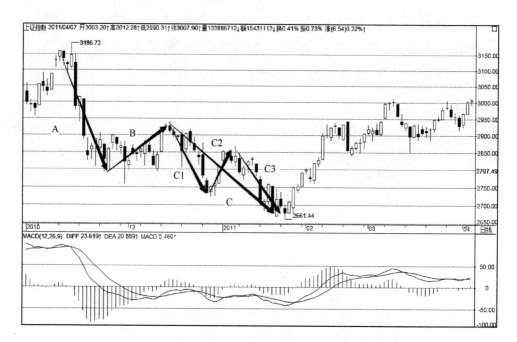

·＋·＋·＋·＋·＋·＋·＋·＋·＋·＋·＋·＋ 作者点评 ·＋·＋·＋·＋·＋·＋·＋·＋·＋·＋·＋·

这里多亏没等 C5 下跌，因为这里没有 C5，等 C5 低点就踏空了。而且要注意，我提前提示的要注意的空间点位 2655 点左右，入场点位选择在 2667 点，实际这一波最低 2661 点，这是空间的定量。

·＋·

2011 年 3 月 6 日

回答一些网友问题

第一个原问题如下：无可否认，你现在是名人。恕我不敬，你是如何面对"他也许是张悟本、李一"那样欺世盗名之辈这样的言辞？做学问，不疑中有疑，对专家、权威也是一样。这是我遵循的准则之一，并无对你的不尊重。感谢你的回答，祝你以及家人身体健康。

第一个问题很尖锐，估计很多人恐避之不及，我却要重点拿出来，说一说这个事。我或和我类似的财经博主，很多都不是科班出身，也不是经济学家。所以我们被冠了"民间"两个字，当然我并不认为"民间"两个字有多不好，民间即被人民群众认可的，那是我们的荣幸。

而且，我们对市场的热爱和感情并不比其他人差，我们写的东西，也并不一定比经济学家或科班出身的实用性弱。但由于名气高了，就多冠了两个字"民间"股神，这让我非常担心，不管别人怎么样，我肯定不是股神，更不愿意当股神。有些人喜欢把自己吹嘘得很厉害，让大家跟着他走，但我不同，即便是在我的学员里，我也是实实在在、中肯地建议学员，**我经常犯错，不要盲目跟着我走。要坚持自己走路，坚持走自己的路。**

我在博客里，完全不推个股，所以更谈不上反复说我推荐的什么股票涨得有多好，用以抬高和吹嘘自己。也不起漂亮炫目的题目以吸引眼球，每天都是平淡无华的以明日操作策略为题目，我练的是内功，低调、温和、厚积薄发是我博客的灵魂。短线和盘口的即时判定是检验功底的基础，就像周五全天只给了一个重要低点，基本在最低点了，我自信在这个环节，比大多数人略强的，不说逻辑思维能力、策略眼光及经验，单凭这一点应该并非属于欺世盗名之辈吧。

在不疑中有疑问是对的，我也是这样的人，正因为此，我才提出了和很多人熟知的相反的观点："预测无用论是错的""买是徒弟卖是师傅是错的""成交量不是涨跌的必然基础"等。但说到最后一层意思，有的人怕我走下"神坛"，怕失去了研究市场的方向；有的人希望我走下"神坛"，看我的热闹。这些我都能理解，但就这件事我比大家都看得开，因为我知道自己根本就不是神，所以谈不上走下神坛，因为就没上去过哈。博客这个事我也看得比较淡，未来会有人取代我，人们会忘了我。也许有一天我累了，我就不写了，就像徐志摩的诗："轻轻的我走了，就像我轻轻的来，我挥一挥衣袖不带走一片云彩。"我只希望能在大家记得我的时间里，能够尽我的力引导更多的人，深入研究这个市场，研究技术分析。对今后金融市场的帮助，这是意义非凡的。所以当时我对这个问题的回答是：本来无一物，何处惹尘埃？出自"菩提本无树，明镜亦非台，本来无一物，何处惹尘埃"。

第二个问题是：技术分析也就占三成，这句话不是说技术分析占我的三成（因为其问题是技术分析派占了几成，我回答三成），而是研究技术分析派的人占整个分析派别的30%，其他的是基本面分析、政策分析、宏观经经济分析、消息派等等。这点我必须更正，因为很多技术分析派的人以我为方向，看到我说技术分析只占三成会失望，其实技术分析基本占了我的全部。我是坚定的技术分析派，坚信价格包容一切。

坚持自己走路，坚持走自己的路。因为每个人的性格、爱好、知识体系不同，我认为没有一个方法是适合所有人的。证券交易已经几百年的历史了，如果有通用的所有人都好用的方法，必然在这几百年里被人们发现，但你遇到过吗？巴菲特的方法你用未必好用，索罗斯的可能更是。

没有最好的交易之道，只有最适合自己的。

 2011 年 3 月 8 日

缺口无用论

中午听到有人又在谈缺口，其实这波有很多人踏空都是因为 2656 点的那个缺口，尽管我之前已经考虑到那个缺口的欺骗性，反复提及可能不补缺口，可还是有很多人最终没有在低点买入。因为有句话叫做缺口必补，它不是真理，但说的人多了，就变成真理。做学问，要在不疑中有疑问，大多数人说的一定是正确的吗？

我来用事实解释，以下缺口到今天都没有回补：2005 年 7 月

22 日 1022 点向上的跳空缺口（如果补这个缺口，那就惨死了），2007 年的 11 月 2 日 5912 点向下的跳空缺口，2008 年 1 月 22 日 4891 点向下的跳空缺口，2008 年 11 月 10 日 1762 点向上的跳空缺口，到现在都没有回补。我用事实证明这句话是不全对的。

还有，就算缺口是回补的，单就缺口必补这句话，逻辑上也有错误。单拿 2007 年来说，2007 年 9 月 3 日的缺口 3 天回补，2007 年 9 月 28 日的缺口，一个半月回补，2007 年 7 月 23 号的缺口大半年后才回补。难道为了等回补缺口一直不做吗？如果我们给了一个结论，但没有给时间因素，其实是没什么意义的。就像指数如果不给时间说 1 万点也没错。

综上所述，研究缺口其实意思不大。

作者点评

投资者容易犯的一个错误是：用常用的话来解释现象。比如说，今天出了一个利空消息，如果市场跌了就是利空导致，如果市场涨了就是利空出尽导致。大家有没有发现，不管怎么解释都对，而且大家还都挺认可的。

很多投资者是没有深度思考能力的，他们把常用的话当做是真理。但大家想过吗？很多人就是因为找不到真理，才说一些无法证伪的话，比方说高抛低吸，这句话怎么听都对，而且你无法证明他是错的，但他没有说哪是高哪是低。

这让我想起来一个笑话，一个专家说如果心情不好，就去购物、去消费，不仅女生有效果，男生也有效果，花钱能让人心情好起来，但钱从哪来，专家没说。

所以，我说缺口无用论的时候，那些把常用的话当成真理的人，会感到非常不适应。他们的第一反应不是思考，而是反驳。缺口无用论其实争议还算小的，我还提出过成交量无用论，引发过巨大的争议。

但我没有说我说的就是真理啊，我说这是我本人对于市场的理解。我认为空间、时间、结构、趋势，这八个字已经包含了市场的全部信息，我的交易体系就是建立在这八个字之上的，这么多年一直应用至今。这里面没有成交量，更没有缺口。

 2011 年 3 月 16 日

信念的重要性

前些天弱市的时候，我说一切基于信念，有人可能要问，到底在市场里什么是信念，信念起到什么作用。2008 年大熊市的那年，我用数字化定量分析周线的 123 求 4，得到了 1850 点，并于附近时在博客里提示入场，次日指数最低下探至 1802 点，后又跌了很多个点。因为连续的下跌，导致恐慌气氛笼罩着整个 A 股市场，就算我们绝大多数人都能够知道那里是明显的低位，但场外资金仍却不肯入场，场内的则也开始犹豫是否是行情的低点。

持股的人，因为市值的不断下降而备受煎熬。连续的下跌已经积攒了很多的做多能量，会有一波快速而猛烈的反弹行情，虽不知道具体是什么时刻，但我能感觉到已经很近很近。煎熬的折磨比我们想象中更加难受，规模资金入场承受的不只是心理上的压力，也曾怀疑自己，也曾为了行情而彻夜无眠，但我当时只有一个信念，行情一定会来的。

结果次日，印花税调整导致 A 股全线涨停，幸福是来得那样早，就当我还沉浸在胜利喜悦的时候，自以为安全的时候，风险却离得最近，后来行情又连续震荡盘下，那波只在分时线高点卖了一部分，其中大部分仓位进行了持有，因为我坚信暴跌一年之后的行情不会只那么小，绝不会只那么小。结果后来指数再次下探至 1664 点，又经历了一个非常艰难的时期，各种分析方法在极限的熊市市场里，都已无效，唯一支撑我持有下去的，就是信念，我坚信行情不会是已经结束，而是还没有开始。

3478 点之后，对于大盘我基本没有给出很大的预期，直到2010 年年底，我才认为调整了 1 年半的大二浪足够了，这里即将起周线的大三浪上升，这也是一种信念。但我并没有急于入场，我要等最佳的买入点位，只有买得足够低，才能确保在将来的行情波动里，抗风险的能力更强。再后来 2667 点入场大家基本都知道了，虽然最低点是 2661 点，但我并没有办法能够确保在"最"低点买入，只能把握自己能够把握的低点。

当时已经埋下了未来的种子，这个果实我希望它能够结在周线大三浪上升的末期，所以现在只是春天，还没有到狂热的夏天，更别说是收获的秋天。我的目的只有一个，就是在秋天收获前，能够让自己收获整个成长的过程，所以周线下降趋势突破之前的调整、骗线、洗盘，我一概不理。就算我知道要有 2661 点以来的最大级别调整，就算突发了地震事件，我的信念并没有任何的动摇。

所以，**信念是我们在黑暗里的那盏明灯，给我们勇气和力量，甚至超越技术分析与经验，带领我们勇往直前。**也许你现在还是不懂我说的信念是什么，没关系，将来的某一天，你会明白信念的重要。

—————————— 作者点评 ——————————

我为什么说信念是黑暗里的明灯，因为有时候行情会让你陷入黑暗，在黑暗中最大的问题不是专业性，不是技术，不是方法，而是希望。黑暗里的一盏灯，它代表了希望，而坚定的信念就是这盏灯。

我深知信念的重要性，在我的培训中，多次给学员讲解信念这方面的重要性，如何获取信念的力量，如何提高，如何增强。这些很多跟交易毫无关系，我会让大家去看电影，那里面有很多是关于信念的。

比如：

指环王三部曲后两部《双塔奇兵》《王者归来》。（这两部简直就是信念源泉，至今我看了快15遍了。）

《阿甘正传》《誓不低头》《肖申克的救赎》《辛德勒的名单》《勇敢的心》，等等。

2011 年 7 月 3 日

方法的适用性

　　江恩曾经说过导致市场损失有三点：一是没有设置止损；二是在有限的资本上做出无限的交易（频繁交易）；三是对市场认知太少。其实前两个比较好理解，对于第三条，对市场认知太少，江恩为什么会这样说呢？

　　记得 2661 点买入的时候，其目的只有一个，做大三浪上升，这个终极目标到现在我都没有改变。所以我的观点基本就是，买入、持有、等待。后来的事，大家都知道了，到 3067 点之后，大盘再调了一波到 2611 点，然后反弹至今。曾经有人说过这样的话："永远不让利润变成损失"，但很多看起来很有道理的话，其实都不一定是正确的。比方说刚才的这句话，其实每个人都希望不让利润变成损失，或者"高抛低吸"对啊，做股票就是要高抛低吸才有的赚，问题是我们怎么才能做到不让利润变成损失呢？怎么做才能达到高抛低吸呢？这更像是一种愿望，而非方法。

　　而就方法而言，**每个方法都有其一定的"适用性"**。我们要在行情的推演过程中，才能体验得到，比方说喜欢做震荡行情的，2661 点买入，3067 点卖出，2611 点再买入，这样的交易现在肯定堪称完美了。但同样这个思路去交易 2006 年、2007年和 2008 年，会非常惨淡。不信你可以去用波段交易的标准去试一下。

我曾在股指期货的清华班里用 5 分钟 K 线演示了一个方法，现场演示轻松获利几百个点。但这个方法的适用性，我是很清楚的。也就是说，无论上升行情还是下跌行情，用这个方法严格执行交易纪律，大概率每年基本都有几百点的盈利。但如果大盘像 2006 年、2007 年一样从 998 点涨到 6124 点，即便涨了5000 点，可能你也一样只赚几百点。而你要承受，你沿用方法的本身所带来的适用性，这是你想稳定获利而不是一朝暴富所必须抗的。但实际的过程中，如果真的大盘涨了几千点，而我们只获利一点点，很多人同样是承受不了的，所以我讲到了大周期，来寻求"平衡"。

+·+·+·+·+·+·+·+·+·+·+·+·+·+·+·+·+ 作者点评 +·+·+·+·+·+·+·+·+·+·+·+·+·+·+·+·+

到今天我依旧是重视方法的适用性的，趋势为王、结构修边作为我的核心交易思想，也充分地体现了我非常重视适用性。

趋势，在震荡行情里，反复挨打，但在单边行情里，无往不利。

结构，在趋势行情里，基本没用，但在震荡行情里，效果惊人。

+·+

2011 年 7 月 27 日

向伟大的交易大师索罗斯致敬

索罗斯正式退休了，有人说他是好人，也有人说他是坏人，不管怎样，他在金融市场里，是一个伟大且成功的金融大师，一个颠覆传统的空军司令。他给了我们方向，真理并不是一定掌握在多数人的手里，尤其是他的理论自成一派，这给了金融市场创新派以精神力量，是黑暗中探索的明灯。

很久以来，技术分析派、基本派、政策派、消息派还有其他的派别都一直争论不休，彼此之间相互攻击，乱象丛生。我是技术分析派的，至今我从未后悔过做这样的选择。我希望将来能够更综合一些，但目前需要安下心来，**先把一条路走得足够深，先精而后博。**

其实就派别而言，没有说哪个是更对的，或者说是更加的贴近市场，贴近中国市场，所谓条条大路通罗马。没有更好的路，只有更适合自己的路。简单地讲，技术分析就是用市场曾经走过的行情，推导和预测未来，一切以市场为准，这就是技术分析。基本面分析的基础是价格围绕价值波动，但如果基本面总变，并且有可能造假的话，这条路走起来会比较难。巴菲特也说过，光学格雷厄姆是不够的，除非你成为了经济学家，能够左右经济政策，否则政策面我们只能听之任之，没有话语权。消息派更不靠谱，真真假假，时真时假，除非你有像王某某一样牛的消息来源。经过慎重思考后，我才选择技术分析，开始想的比较简单，希望能够不用天天看报表，不用四处打探消息，不用天天研究政策。

当我深入研究技术分析之后，才发现其实这条路也不好走，但却很有乐趣，常为某种发现而欣喜若狂。淡定之后，感悟技术分析包括三个层面，当然这是我在现在这个年龄段对于技术分析的感悟。第一个阶段是"象"的阶段，也就是现象，比方说指标，在什么样状态的时候，股价会产生什么样的作用。千万不要把谈论指标的，或均线的，或量价关系的，就叫做技术分析了，这应该是最浅的一个层面，但对于初学者而言，这是一个必须经历的过程。第二个阶段是"数"的阶段，这些对于现象的研究，怎样才能具体运用到实践中去。当涉及到具体的时候，就会涉及到数和定量的概念。第三个阶段就是"理"的阶段，你会思考，规律的成因，复杂的现象和数字之间背后的道理，把交易上升到哲学的阶段。索罗斯对于哲学方面有很深的理解，这在他说过的话当中我们能清楚地看到。其实人类文明流传至今，三个最有影响力的方面就是艺术、科学和宗教，分别代表了"象""数""理"。

我正式地进入到"数"的阶段，是在几年之前了，但目前为止，还是处于"数"的阶段。除非我有了足够的交易经历和人生感悟，否则难言交易哲学，在哲学面前，我还是觉得自己比较渺小。重要的是，我们没必要让自己快速到达终点，应该更注重沿途的风光，寻找的乐趣。

---------------------------- 作者点评 ----------------------------

那个时候的我，对索罗斯的理解还是相对简单的，十年后的我对索罗斯的理解才是相对深刻的。

尤其是索罗斯晚年的演讲，大家一定要看一下，我曾用四个字来形容：如获至宝。

✅ 2011 年 10 月 23 日

两种成功的方式

在投资交易领域，一种是追求高成功率，一种是追求高收益率。但他们好像是一对冤家，成功率高的方法，收益率都不会太高；而收益率高的，成功率都不会太高。打个比方，我们可以找到某一种方式，它的成功率很高，但每次获利都不很高。如果是一个一次获利很多的方法，那么成功率必然不会很高。也就是说，这样的机会很多次，才能有一两次达到。

这两个领域都有成功的例子，西蒙斯操作的成功率很高，但每次交易都无法获取很多的利润。巴菲特操作股票的成功率并不高，但少数的几次操作却赚了很多钱。所以我们在思维方式上，首先就要思考我们采取哪个成交方式是距离成功最近的。

西蒙斯，他是模型先生，他用程式化交易，像壁虎一样等待市场出现的机会，然后快速出击、快速收回。目前已经在国内研制出自动交易体系，关于他的模式是否能复制，这需要时间来观察，这很复杂。另一种就是巴菲特模型，其实巴菲特的成功除了在选股方面提出的价值投资，还有他在选时方面对于时机的把握。他抓住了几次让他一生受益无穷的买入时机，然后的工作就很简单，就是持有。

作者点评

后来我在做模型研发的时候，做了大量的历史回测，通过对大量的数据对比，不仅能够证实我上面说的成功率和收益率是反比关系，成功率和出击次数也是反比关系。

结论有两点：

你追求高成功率，会降低每次成功的收益率。

你追求高成功率，会干掉很多出击次数。

 2011 年 12 月 11 日

前浪拍在沙滩上

博客过气了，不只是我的，也不只财经的，整个博客都一样。前些天一个朋友问我，对这个事怎么看，我倒觉得是正常的，博客这个东西是历史性的，必然会被历史所更替。社交 SNS

带走了一部分，微博带走了另一部分，将来很可能还有轻博客或其他。对于股票财经博客来讲，熊市也带走了一部分。

我一直在这样写着，记得写第一篇文章的时候，那时候还不懂什么是博客。感觉忽然之间，来了一大批人看你写，然后又走了，行情好了又来了，然后又走了。现在这样我觉得挺好的，因为很多时候，我在写东西的时候会顾虑到大家的感受，到现在依旧**能留下来的，已经被岁月洗去了纷杂与浮躁**，大家都很平淡，你、我都一样。

微博这个东西，还不是很适合我，首先我从来不是一个赶时髦的人，到现在依旧不会用手机上网、聊天，也没用过最新的苹果、IPAD等"高科技"。而且我觉得140个字的微博，很难表达得比较清晰。市场是这样的，我一直在提倡给出分析结果的同时，要尽量地阐明得出结果的原因。做到知其然，亦知其所以然。因为有时候我们太注重结果了，如果你不考虑得出这个结果的过程，和这个过程的合理性，在逆境的时候，必然会去怀疑结果。那么这个市场到底还能留下多少东西给我们呢？我们又能留下多少给后来的人。

作者点评

我有很多十多年一如既往看我写策略的忠实粉丝，岁月洗去了纷杂与浮躁，剩下了坚持与包容。

十年，也是为你们而写。

2011 年 12 月 27 日

首谈股指期货的失衡

前面我做过一个投票调查，股市出现了这样惨烈的下跌，主要原因是什么？绝大部分的人选了第一条，重发行、轻回报，融资猛于虎。其实我认为是中间的那条，股指期货机构做多无门，这一条也许是市场下跌的真正原因。

目前的指数，由于没有市场的热点，导致现货指数过分地去看期货指数的脸色。如果你同时看指数现货和期货，你会发现期指要比现指快多了。时间一长，就变成了期指绑架现指。下跌的实质是在于股指期货机构做多无门，大多机构只能做空，这个政策很多人都没有重视，而实际上对于市场的影响力，远大于融资。如果是在牛市，融资对市场的影响并不大。而熊市凸显了融资的速度问题，应该得以适当的调控，行情不好要考虑市场的承受能力。应适当的减慢或暂停新股发行，等行情好了再恢复。但如果说它是导致下跌的主因我并不认同。主因还是在于股指期货的制度。无论是基金公司、证券公司还是阳光私募，监管层将它们参与股指期货的目的严格界定为套期保值。所谓套期保值，就必须进行多品种的双向交易。在空头市场环境中，以期指空单对冲股票风险。在多头环境中，机构被允许的操作是以期指多单对冲转融通沽空个股的风险。但实际运行中，国内可供融资融券操作的品种非常有限，转融通也没有完全成熟，以期指多单对冲融券风险的操作是无法运行的。那就意味着，机构投资者只能做空，不能做多。这很严重，而且目前没有太好的转换措施。如果把这一条限制给取消了，机构投资者可以做多，那么期指必然会出现比井喷还猛烈的爆发性连续上涨，形成前所未有的逼空，届时行情将更不可控。而之前，就一直用下跌来压抑市场，逼相关部门出政策。但很显然这个问题的深度是短时间内没有办法解决的，主力就用更猛烈的做空、来压低股指。股票赔，但期指赚。而对于大多数投资者，因门槛过高是无法做股指期货的，没别的办法，只能眼睁睁地看着自己的市值缩水。

当事物到达一定程度的时候，就会发生变化。博弈的本质在于时间，看谁先受不了。管理层受不了了，就出政策救市。市场受不了了，就用脚投票。主力趁机捞取廉价筹码。

这招太狠，下跌诛心。

但千万别忘了，做空再牛，也是有极限的，而做多没有极限。这是一个巨大的心理漏洞，将来这个漏洞必然会被应用，反过来逼空，再杀一波看跌的。

作者点评

本文有几个需要说明的地方。

当时是熊市，我判断股指期货机构的多空失衡，导致市场下跌。当时认为影响力远大于融资，但2015年的股灾，就是另一个失衡融资和融券失衡造成的。

也就是说，所有的失衡，都造成了后续的问题。2012年博文中有较多股指期货机构多空失衡的研究和论述。

2012 年

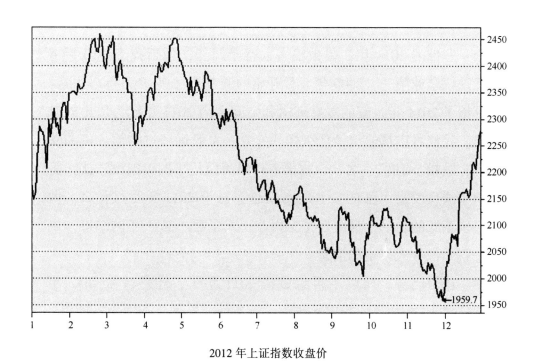

2012 年上证指数收盘价

2012 年

2012 年 1 月 3 日

股市 2012 年展望之政策

悲催的 2011 年，曾被很多人寄予厚望，包括我。2010 年 A 股跌幅全球第三，2009 年 8 月开始的调整超过 20 个月等等因素，都给了 2011 年足够的看好理由和空间。当 2011 年成为历史的时候，我们看市场给出了什么样的答卷：A 股远超过欧债危机的欧洲，跌幅"前进"一名，全球第二；跟美债危机的美国没法比，美国年线反而是上涨的。上周本来总想对于 2011 年写点什么，做一次正式的告别，最终还是觉得非正式了吧。2011 年的结束，也许就是件令人兴奋的消息。

往事已矣，所以不再想多说 2011 年了，还是谈谈 2012 年吧。对于 2012 年，我要从政策、基本面、技术三方面做一展望。

先说政策。

说说新领导班子，郭主席上任之时，市场可谓是极度低迷，形容风雨飘渺的前夜并不过分。很多人都期待他新官上任三把火，要说期待烧政策都是假的，最好能够烧烧行情。比方说能够导致市场大涨的"暂停新股发行"，"社保 401K 计划"，等等。但大多数人认为会的，且期待的这种短期救市政策始终未出。新股在照发，市场在照跌，管理层貌似在一种无为而治。

实则不然，你细想一下，过去十年，A 股曾经 4 次因出政策性利好而导致大盘涨停，但无一例外的是，如果你看到"出利好之后"冲进去，4 次全部被套，而且每次都会损失惨重。事实告诉我们，这种头疼医头、脚疼医脚的方子救不了股市。A 股 10 年之后，重回起点。最根本的问题不是新股发行，融资是市场最基础的功能，如果股市不能融资了，那还叫股市吗？而二级市场不能让市场大多数人赚钱才是根本，才会凸显现在的问题，重融资轻回报。

所以郭主席的三把火：①强制分红，强制退市；②对内幕交易"零容忍"；③今天出的消息：研究新股发行和退出机制问题。前两条很明显要重塑市场诚信，第 3 条纠正制度上的缺陷。退市制度是很重要的制度，只有在制度上实施优胜劣汰，才能孕育伟大的企业，**纳斯达克市场每年新上市的公司和退市的公司基本相同。不能惩戒"坏孩子"，就会影响"好孩子"。**所以重塑市场诚信，修正市场机制，这三把火是切中了市场要害的。

但很明显，这是文火，不是猛药。效果要慢慢地体现出来，而新管理层，在市场 10 年归零的巨大舆论压力面前，能够更从容和有条不紊的状态可以看出，其更注重的是"练内功"。就像郭主席说的一样，对市场是有信心的。

后面还有牌，勿急。至少有两张导致市场翻番的大牌，你可以想一下。

至于我们，我觉得也有必要在这个时候，修炼一下内功。这一波市场的下跌，确实让人很压抑，我也觉得很失望或有一点气愤。但我在博客里没有抱怨，更没有漫骂。你要是骂这个市场，就掉进了主力的圈套，主力采用的手法，很明显是四个字：下跌诛心。

下跌诛心的意思是，不仅要下跌，还要跌到你没有希望，跌到心死。心死了就会丧失理性，在低位交出筹码。你骂了，抱怨了，你就可能开始怀疑市场，可能会导致误操作，或导致别人的误操作。所以前些天我说，这个时候唱空的，要么根本不懂市场，要么就是别有用心。尤其是别有用心，你不妨思考一下其目的。还有一群没有目的的，所谓申张民意的，为投资者报不平而大骂市场的人，他们起到的效果是反作用的。

净口、修身、持家、治国、平天下。所以，跟管理层一样，我们也要练练内功了。如果连净口都做不到，还谈什么其他呢？沉默之余，我们要在一片悲观声中，把心态沉淀下来，熊市会错杀很多的股票，我们可以趁机低价多收点被错杀的"尸体"。1664 点筑底后，大盘反弹到 3478 点，上涨了 109%，那时候我重点让大家关注的跌幅榜前列的有色金属，同期间整体涨幅在 400%。

所以现在最可怕的不是下跌，而是诛心，你没有了希望，没有了反败为胜的信心与信念。我们要修炼内功，要从净口做起，在下跌的过程中，努力克制自己的交易情绪，客观理性地寻找跌出来的机会。

这就是我给大家出的应对主力"下跌诛心"的招："练功收尸"。

作者点评

遗憾的是，到今天都没有推出完善的退市制度，任重而道远啊。

没有退市制度，就没有优胜劣汰，没有优胜劣汰就会滋生很多坏孩子，鼓励了坏孩子，就会伤害好孩子，整个市场的价值观就会出现问题。

 2012 年 1 月 4 日

股市 2012 年展望之基本面

当市场跌破 2245 点的那一刻起，市场就开始骂声四起，我们的股市到底怎么了？中国的经济，十年来高速增长，十年后的今天，A 股却哪里来回了哪里去，A 股的表现实在是说不过去。

那么很多人就会想是不是我们的经济出现了问题，未来问题会更加严重吗？

国际环境：欧美的债务危机炸弹，炸得有点偏，它们爆发危机，我们被伤害了。要把它们分开说，美国的债务危机在好转，别以为美债危机美国会太当回事，这年头欠钱的才是大爷，尤其是大佬级别的。其实大肆鼓吹美债危机的也许是美国自己，这样可以促使美元贬值，促进进口，提高就业市场。从连续走低的失业率能够看出，这招已经奏效。

而欧债危机基本是无解的。问题的根本在于各自的利益根本无法达成统一，德国为代表的勤快人，为什么要养希腊、西班牙为代表的懒人呢？即便短期德国人明白了唇亡齿寒的道理，使得欧洲的危机得以暂缓，希腊以退出欧元区为要挟估计会奏效的。但还是无法从根本上消除各自为政的弊端。长远来讲，基本就是无解的，可能他们觉得未来的欧洲人，会比现在的欧洲人更聪明。

尽管A股对于国际市场的跟随程度会比原来越强，但A股仍有能力走出独立行情，2008年的金融危机，A股率先于各国见底，美国和欧洲要比A股晚了近5个月才筑底。而去年，爆发债务危机的美国是上涨的，欧洲也是很抗跌，唯独A股却跌了个全球第二名，用古话来讲就是"榜眼"，这能看出，我们跌也跌得很是独立。所以，我们总用国际环境来衡量A股市场，只能陷入到反复解释的境地，A股其实很有个性。

国内基本面：

经济增速：以房地产作为经济拉动支柱的时代，已经一去暂时不会复返了，短期经济走弱是必然的，我们需要新的经济增长点。去年紧缩的货币政策的主要目的是为了稳定物价，物价稳住了，应该研究一下怎样扩大消费。跟美国人爱透支消费比，中国人爱储蓄的，这使得在消费领域拥有广大的市场前景，尤其是在拥有如此庞大的人口基数前提下。而问题的关键是，要想刺激消费，需要解决后顾之忧，如果人人都有房可住，有病可医，有老可养，留着钱干嘛呢？等2012年12月21日的到来吗？大消费时代的到来，经济会重上两位数，即便是现在仍然会以8%以上的速度前行，所以基本面是没有任何问题的。

货币投放：去年的大部分时间我们一直是稳健的货币政策，不断地上调存款准备金率和利率。而年底的时候，从央行的动作可以看出，货币政策已经有所放宽，并且一个周期并非只是一两次就结束的。市场曾有一个说法，即狭义货币M1如果降到了10以下，股市就要见底了。目前M1已经处于历史性低位，是否预示着历史性低点还不得知，但明显的是，货币投放要开始回升。

作为股票市场，平均市盈率和市净率同样基本处于历史最低，如果强制分红的执行力度能够到位，那持有价值投资的股票不涨没关系，靠分红也会强于储蓄。郭主席说鼓励行业资产抄底，如果配了相关政策，大股东增持的意愿并不会很低。我们要把目光放向未来，未来新的经济增长点很多，比方说：移动互联网、新能源、新兴农业、三网互联等等。

总的来讲，基本面没那么糟糕，在短期内也不会发生大的市场变化，只不过在转型期间，**市场内外的资金多采取观望的态势，资金的本质是逐利的。**

观望，是为了选择站在赢的一方。

————————————————— 作者点评 —————————————————

资金的本质是逐利的，大家切记这一点。

钱本身的嗅觉十分灵敏，哪里有赚钱效应，钱就会奔向哪里。

股市从未缺钱过，只是缺涨，缺赚钱效应。

———

 # 2012 年 1 月 5 日

股市 2012 年展望之技术

新年伊始，前面分别写了股市 2012 年展望之政策、基本面，本来是想在第三天写技术的，由于当时行情比较重要，所以改到了今天写。

我一直在想，用什么来形容技术，它区别于基本面和政策的实质是什么？我个人还是更倾向于技术分析，因为技术分析是从价格出发，基于市场真实走势的，从市场的过去推导现在并展望未来的，技术分析基于统计学的优势，认为历史会重复发生。技术分更注重市场的表现，且简单有效。有时我甚至感觉，基本面和政策在市场里的研究，好像都有道理，仿佛其每个人都有十八般武艺，武的虎虎生风。技术分析等他们武完了，从容地在兜里拿出一把手枪，砰砰，两枪就把他们毙了。干净、利落，不做解释。

技术分析相对是简单的，比方说刚逝去的 2011 年，无论政策与业绩，最终股市是下跌了。技术并不反复解释，股市为什么下跌，它告诉我们，股市是下跌的，股市已经下跌了，处于下降周期。往往技术分析派，它都是只有一个极为简单的核心思想，时间也罢，空间也罢，结构也罢，趋势也罢。

2011 年从技术的角度，有一些需要提及，也有些错误需要承认。当然我属于技术分析派，但代表不了全部的技术分析派。从速度的立场出发，我认为 3078 点的调整速度过慢，因为判定为 1664 点以来的周线 2 浪调整，当时上涨用了 40 周的时间，而调整用了 77 周，至 2661 点。按照缓速，采取左侧交易的原则，买周线大 2 浪低点。

我们且不说这里是否为周线的大 2 浪调整，即便是的，这也太惨烈了。到今天为止，周线下跌的周期数为 125 周，对比上升的 40 周来讲，就像小马拉一个大车，这级别也相差太远了。所以买得过早的错误，40 周的上涨对应 125 周的调整，被折磨得死去活来。

对于 2012 年，于空间来讲，一个最重要的标志性的点就是，低点到底在 1664 点之上形成，还是在 1664 点之下形成，这是波浪理论对于浪形定义的重要判定依据。现在还早，预计要到今年夏天才得以知晓。

于时间来讲，**有两个重要的时间点，一个是现在，另一个是在 3 月。**

因为现在有可能形成 3067 点以来的 5 浪下跌结束，即日线已经没有下跌周期，市场或将引发一个 50 天左右的上升周期。那么到 3 月份就会形成一个重要的高点，那里需要判断是否上升途中，还是反弹高点，若是上升途中，前途一片光明，周线大 3 浪上升来得晚了点，但也基本确立；若是反弹高点，其后或有 3 浪 5 下跌。所以，那里的重要程度不言而喻。

如果这里的反弹没有到 50 天，而是类似于 2826 点和 2536 点的小级别反弹，反弹之后市场再下，到 3 月下旬市场将运行 3067 点以来 47 周的下跌周期，跟 3478 点的下跌周期达成一致，将形成周线低点，由此引发的上升至少在 86 天以上。

于交易来讲，我们要注重交易的细节，一年的行情再差也会有波段的高低点，高点买入低点卖出是最差的交易，只要保持着尽量买在低点，而做纠错或减仓的位置尽量在高位，就不会有太大的错误。在下跌的气氛里，很容易出现错杀的股票，这将提供给我们类似于 998 和 1664 点再一次的低价机会。而这样的机会，在证券历史上也将是非常难得的。

做个总结吧，2012 年是筑底之年，6124 点开始的广泛调整，基本会宣告结束，但在技术上是极具考验的一年，会在你的心态、承受力、信心方面，受到不断冲击。如果能能够经受住市场的考验，那么希望就会在绝望中得以重生。

＋－－－－－－－－－－－－－－－－－－－＋ 作者点评 ＋－－－－－－－－－－－－－－－－－－－＋

文章里我提到了两个时间，一个是"现在"即我写文章的2012年的1月5日，我判断是低点；另一个是2012年的3月，当时判断可能是高点，判断涨50个交易日，其实涨了43个交易日。

但这是预测，提前判断，不是事后诸葛。

＋－＋

后配图(2012010501)

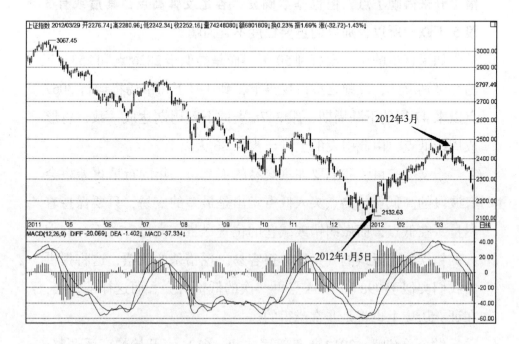

2012 年 1 月 11 日

急涨多横盘

今天两市冲高之后，出现小幅调整，调整的主要目的是消化一下本周前两天大涨的获利盘，让喜欢短跑的想出去就出去，让喜欢长跑的想进来就能进来，所以高位震荡一下也好。不必担心市场在短线会有很深的调整，**急涨之后的调整分时线会多以横盘为主。**

如果想做个短差，高位卖了低位再买，这样的交易难度可是不小，我不太建议这么做。一是空间小，横盘是调整的主基调，而且你仔细观察今天最低点形成的过程，在各周期和分时线都没有低点迹象形成。这很熟悉吧，跟下跌期间的高点一样，可能走得好好的，突然就掉头向下。今天的低点就是这样，当时调整的速度挺快，小盘股由升开始转跌，在底部横了一下，然后就反身向上了。而且这样的低点形成过程，将可能会贯穿这个调整始终。

做短差的，除了空间上存在高卖低买操作的难度以外，还存在着不好找低买点的问题。上升途中的调整，低点随时形成，且很多没有迹象可循，你就得凭感觉了，感觉的稳定性就很难说。一旦错过了低点，你就要考虑怎么再把卖的买回来，以防止后面的踏空，这反而容易出现低卖高买的现象。

所以，这里既然没有很深的回调，就不值得参与了。

但市场也不是丝毫没有可担心的，只是不是这里而已，第一波的上升过快了，回调之后尽管会再上，但已经难以超过第一波的上升速度，当60分钟线出现明显的降速时，短线分时线就会有比较杀伤力的快速下跌。目前我的判断虽然是比较吓人的快速下跌，但仍属于上升途中的调整，之后会再上。这个时间，应该不会在"本周内"形成，现在还早，成交热情在增加，精选个股吧。

综上所述，这里的小调整可不用理会，横几天或略向下倾斜也是正常的，之后还会再上。再到高点，就会有分时线的快速调整了，届时再说。

作者点评

我在数字化定量分析里讲了速率分型图，通常是这样的：

急涨对应缓跌，缓涨对应急跌；急跌对应缓涨，缓跌对应急涨。

2012 年 1 月 12 日

交易克制力

今天又横了一天，日线可能看得不很明显，你看分时线，基本就是水平状的横盘，笔直笔直的。市场为什么在这既不涨也不跌呢？横盘到底还会横多久？将要选择什么方向？

我们先说为什么不涨，今天我看了一篇文章，写得很贴切，意思是说很大一部分群体，目前患有"熊市综合征"，他们即怕跌，同时也怕涨。我细想了一下，这是确实存在的。下跌是以高点和低点逐级盘下为特征的，尤其是这波下跌。从 3067 点一直跌到上周，期间有两次规模较大的反弹，第一次反弹了 20 天，第二次反弹了 10 天。其他的上升，基本都是涨得少，却跌得多。所以在熊市啊，有人知道便宜，想抄底。但养成的习惯是：涨了，就想跑。所以如果行情在低位还没涨，心里还踏实些，觉得跌这么长时间了，相对来讲差不到哪去。有时候反而会担心涨，尤其是现在时候，大涨了两天，高位横，不知道怎么办了。

行情很"理解"人，不涨了，感觉指数明显遇到阻力，用震荡来消化获利盘，给怕涨的人逃跑的机会。而跑了的人呢，就会比较后悔，为什么？因为行情不跌，没有低位买进来的可能。所以行情在这里横盘，其实是最合理的了。用时间来消化获利盘，而不是用空间。但用空间来阻止高抛的人低吸再进来的可能，这么做是为了什么呢？因为横盘之后会再涨的。

另一个关键是到底要横多久呢？我觉得应该会和上升形成一定的对称性，虽说上升涨了两天，横盘也横了两天，但你用眼睛直观地看，也会看出目前仍不算对称。分时线要调整的线段要达到上升线段的一半以上才行，明天如果横或略向下，到明天下午，就差不多了。

但我们别太注重把每个小波段做好，没意义。尽管价格没跌，30 分钟线和 60 分钟线的趋势类指标都开始明显往下走，而且第一波上升的速度那么快，再上很难超越第一波上升，这样势必会在较大的分时线构筑顶部结构。我判断可能会在 2360 点附近，会形成比较重要的高点，那里的阻力太大。

而这里，如果你卖掉了，行情不跌，你没机会买回来。就算跌了，你也不知道哪是低点，因为上升途中的调整，低点总是出其不意的。而结束横盘之后，上涨就会对你形成心理上的冲击。直到涨到你快抗不住了，你买进去了，也基本到了这第一波大的上升末期。

所以要想做好以后，现在就应该**对行情的震荡保持足够的交易克制力**。

作者点评

如果你判断的行情规模没有出现变化的前提下，要尽量地保持对交易的克制力，做多则错多。纠错不只是技术范畴，还有人性范畴，少做就能少纠错。交易规则很多时候是帮我们进行选择，交易本身就是要有选择的进行交易，不能时时刻刻都想去交易。

2012 年 3 月 11 日

假冒我的人，一直很多

一直以来我都不提个股，以前还截个图，为了避嫌故意把名称隐去，只是用来说明形态，但还是会有熟悉这股的人认出是什么股，索性我以后连图都不截了。提起个股，问题多多，有些人不知道这里面的水有多深，我简单说一下。

1. 出货：力推个股，靠媒体的宣传力度，完成主力个股出货。这个收益很大，多则千万级别。所以，如果某有实力的人或机构力推某只个股，要小心了，通常背后有其他目的，包括媒体的个股频道。

2. 抢帽子：提前买入，公开推荐，以公众力量推高之时，再做卖出。这个已经公开透明化了，用这方法赚几个亿的都有，现在仍有小部分群体在这么做，钱能使磨推鬼。

3. 造神：神说的股，都是会涨的，而且会大涨。他们有个共同点是每个神都喜欢说小盘股。后台有资金，前台推小盘，可不一说一个准吗？但造神都有目的，你信他，就离被骗不远了，这层道理，至今还有人想不明白。

所以，我从不推荐个股，不代客理财，没有 qq，没有 qq 群，凡有上述情况发生的，均为假冒。

———————————————— 作者点评 ————————————————

至今一直有大量假冒我的人，我说几个事。

第一个是 2007 年同一个单位的同事，大学本科刚毕业，他也姓徐，客户打电话来找徐老师，他就顺水推舟说是我，然后就骗了客户大概 4 万左右。后来客户一直找我，还不肯说什么事，同事们还以为我背后收黑钱了。再后来他被抓了，关在北京市西城区看守所，据说判了三年。

第二个是 qq 冒充我，各种骗人，我知道后报警了。但警察说，你被骗了吗？你没被骗你不能报案。要是骗子把我给骗了，李逵被李鬼骗了，我还好意思报警。然后，我在博客里始终公布了这个骗子的 qq 号码，中间有一段我撤下来了，结果他又骗，我就又公布。

第三个是微博冒充，如果你加了我微博好友，就一大堆假的"徐小明"给你发私信，各种骗。我曾有一段时间，每天能打掉几十个假冒的，结果每天还会有几十个新的假冒出来的。从这个数量上我能判断，被骗的人不少。

✔ **2012 年 3 月 18 日**

黑色小三

上周三的大跌之前，我曾经在博客里说，至少上周是安全的，结果市场突然出现中阴线，感觉好像市场很不给面子。其实在这之前，我就多次提到过，要提防出现单日中阴，但我并不认为这是见顶的信号，多为途中洗盘。

可是我们总是想努力把每次中阴的下跌都回避掉，一是这样做难度太大了，几乎是难以完成的任务，即便单阴之前，我博客即时盘中同步分析提示里说了几次 5 分钟高点，虽然级别不大，但总之是不能在高点处买入了，这是细节。然而即便每天盯在盘上，虽然 2132 点能够精确即时判定底部，可还是会有些上涨或下跌，是之前或盘中毫无预兆的，否则我就不用 3 次加重 5 分钟低点找底，而是 1 次即可。就像上周三的下跌，盘中用了 30 分钟市场就大变样，事前没征兆，事后没消息。

自有了股指期货以后，这种盘中现货指数被期货指数带动的例子已经不少，但多是以跳水的形式，而少有井喷的形式。这为什么呢？因为机构间做股指期货，只有对冲功能，即做多股票的机构，只可以做空股指期货。一些转融通之类的做空股票的，才能做多股指期货，而事实上，基本就没有做多股指期货的可能。所以我们研究期指仓单的时候，就屡次看到机构大举持有股指期货空单。

两会的时候相关人士还自豪地说，基金排名前十的，绝大部分参与股指期货，原因很简单，就是长期持有空单，对冲指数下跌的风险。但期指必然也是撮合交易，下单的时候是空的，平单的时候就是多的。又不能总是一直持有，到期必然转合约。这个问题比较深了，每个月的第三个星期五为结算日，之后即不能再交易。所以大部分主力合约都在周五之前的两天进行换合约，而到周三的时候，你会发现当月合约和下月合约的成交量已经差不多了，周三之前主力合约是下月合约成交量的几十倍，而周三之后，下月合约却反过来成为主力合约的几十倍。

那么在周三之前换合约，由于成交量少的关系，当月合约这边平了另一边开是不好开的，因为没量，机构持仓单就得每次几手地开，否则很难成交。等过了周三，下月合约倒是好开了，但主力合约这边不好平。所以，市场对这个问题的解决方法无非是两条，一是出了之后马上换到下月合约里，中间不空隙，才能彻底做到对冲的效果；一是差别化交易，即周三或之前出掉当月合约，等到下月合约变成主力合约之后，再开，即周三之前平，周三之后开。

本周三的下跌，就是因为某件事情为背景期指盘中突然跳水，给想换合约的人措手不及。周三前平的，周三后开，就差了十万八千里了。比方说机构只能开空，当月合约为主力合约的时候平掉，换合约的时候也只能开空，开不了别的方向，如果你等周三主力合约由当月变成下月的时候再空，你发现上涨的时候你持有空单，下跌的时候，你刚好没了。连续的大幅下跌，让换合约的机构(只能做空)非常懊恼，因只能开空。慌乱入场开空后，又加速了期指合约的继续下跌。

所以，我认为以后更多的是要注意每个月的第三个星期三，我叫它"黑色小三"，只要机构还是只能做空，就要提防。

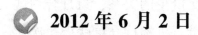

后面我有做图，这里不重复做图了，每个月的第三个星期三，即股指期货结算那一周的星期三，出现了很多个中阴线甚至大阴线。

2012 年 6 月 2 日

股指期货或将出现首次多空大决战

第一部分：起因。

本周出了一个消息：中金所经过充分调研和反复论证，将沪深 300 股指期货的持仓限额标准由 100 手调整至 300 手，投机交易客户每日开仓限额已从 500 手调整至 1000 手。

看似很不起眼的消息，各媒体不说头条，有的连要闻都没上，好像是一条默默无闻的消息。但就是这条默默无闻的消息，我认为将引发股指期货史上首次多空大决战。

起因：我曾经在博客里公开发表了为什么股票市场会这么弱，记得股指期货上市一周年的时候，央视里有位专家说，A 股的下跌跟股指期货的推出没有关系，因为期指的价格一直对比现指的价格大部分是升水的。这是错误的，去年期指升水一年，结果跌了一年；近日反复出现贴水，结果近期的市场表现明显比较强(欧美亚洲都大跌)。

那么 A 股的下跌是不是因为期指带领的呢？或这个因素有多少呢？答案是肯定的，而且我可以告诉大家，这个因素很大。细心的投资者可以观察大盘的盘面，用精确的相同时间来对比现货指数和期货指数，看哪一个更快。

你仔细观察后，答案是豪无疑问的，股指期货比大盘更快，只有在股指期货出现一波快速的下跌之后(5 秒到 30 秒)，大盘才开始反应。就是说事实很清楚，期指对大盘有明显的带领作用。

期指的方向呢？是向下的。至少在推出上述的这个消息之前是的。

原因我在博客里也指出了，规定上对于相关机构的期指交易严格定义为套期保值，即你有股票多头，才可以对应的开股指期货的空头，或你有转融通等股票空头，才可以对应开股指期货的多头。在转融通不很成熟的市场环境下，机构做期指做多无门。

机构做股指期货只能做空或绝大部分只能做空，那么期指下跌就在情理之中，期指又带领股指，对应的行情下跌就不足为奇。更为难以理解的是，非机构户进行股指期货交易(可以做多的部分)，最多只可以持仓100手，每日日间最多只可以交易500手。这样就形成了非常不对称的交易政策格局：机构只能做空，而非机构做多却被限制。从股指期货推出以来，这种不对称的交易格局，使得市场震荡盘下，一有好转迹象，就被大笔的股指期货空单压下来。拿近期来说，日线两波很像样的上升，都折在了期指的新合约开始日，你可以看一下去年的11月16日和今年的3月14日(黑色小三的由来)。

所以在没有出上述的这个消息之前，我是肯定不敢说这样的话的，因为多空实力相差太悬殊。而当中金所把期指合约持仓从100手放大到300手之后，市场的格局会发生哪些变化呢？我们看一下5月31日的期指持仓图，下图显示期指的空方合约和多方合约的总手数差才只有5000手，那就代表了随着指数的下跌和股指货市场的成熟，多空双方开始趋于均衡。当非机构户的持仓开始进行上调，从100手变为300手之后，这个均衡将要被打破了。以前是没的拼，没的决战。

现在可以一战。

第二部分：预期。

机构严格执行套期保值，只能做空期指，但里面有一个细节，就是套期保值的做空，是跟你持有多头仓位的数量相关联的，即你不能无休止的做空。这就代表了其有一个均衡点，只要做多的仓位，多于这个均衡点，多空一下子就转了过来，过了均衡点后，空方力量将很有限，原来受益于政策，届时将受限于政策。如果行情一直涨，机构为主的空方只能忍受损失，一旦进入到其内部的风险自控范围，股指期货被迫止损，平仓的行为会增加由空翻多，继续有利于多方。

目前的位置，无论指数还是个股，都下跌了很长时间，处于很低的位置。所以，这个决战具备了前所未有的"天时"与"地利"，加之新政策放宽 3 倍持仓的"人和"。天时、地利、人和全部具备，到股市回到正常的估值之前的这个部分(之后不好说)，决战的盈利预期是非常客观的，可以大举洗劫机构的空单。乐观的话，会在百亿以上规模(除非空方不战而降)。

第三部分：准备。

当意识到这个绝好的机会之后，先要进行决战前的准备，一是要集合资金，二是开好交易账户，两个都很关键，空方目前表现出来的，并不是其全部实力和真正实力，到上面所说的均衡点，还有一大段距离，多方也不用急于攻击，做好准备以防万一。若按上述持仓多空单差 5000 手，开 20 个顶级户(每个 300 手)就可以了，但实际上我认为"至少"要准备 200 个户，才能决战。先做准备，工欲善其事，必先利其器。

第四部分：决战。

做好准备之后，可适当性进行袭扰。袭扰是必要的，最主要的是要吸引空方进行决战。这个阶段彼此都在试探对手的承受底线，我认为成交和持仓对照现在都会有明显的放大，单日成交量会放大到 45 万张单、持仓在 5.5 万张单以上，同时试探场外各路资金的反应，以及政策不确定性因素。当这些确定了之后，决战的时候，多空双方都会使浑身解数，成交量和持仓量都会放至最大，尤其是成交量可能会对比现在有 50% 以上甚至更大的增幅。

但最终，多方会取得胜利，原因有：

1. 师出有名。行情持续低迷好多年，顺应民意，各方叫好，做多师出有名。

2. 信念。当决战进入到关键时候，起到决定性作用的，信念尤为关键。多方的信念，因为指数下跌有限，不会跌到零，也就是跌到一定的程度就不会继续跌了。而上涨无限，没有止境。涨10000点都有可能，这会让做空的人，从内心深处缺失信念。决战时只要冲过其心理承受能力，多数空方并不敢死守。

最大的担心不是政策，因为从100手调整到300手，不影响到任何人的利益，如果从300手调整到100手，那么超过100手而亏损的人肯定不会轻易善罢甘休，所以持仓手数调上去了就调不下来。最大的担心在于多方力量不够集中，比较分散，需要强有力的领导者。资本市场的各路资金枭雄们，别总惦记着炒个股了。此一役，无论谁领导，必将一战成名。

2012 年 6 月 24 日

股市持续走弱的问题根源

欧洲四国首脑同意1300亿欧元的经济增长刺激政策，占整个欧洲生产总值的1%，"我们将为欧元尽一切努力，我们已准备好为让欧元重新成为稳定货币而战斗。"默克尔说。

前些天我在谈到希腊危机的时候，就觉得希腊也许最终会退出欧元区，欧元的问题还是很难得到有效解决的。但不是在这一次，希腊退出欧元区所带来的恶劣影响，是欧元区其他国家所不愿看到的，甚至不愿去想。所以确保希腊留在欧元区已经是危急时刻欧洲领导人的共识。这则消息给国际周边市场注入了一次强心剂。

A 股市场的强心剂在哪呢？近期国际市场大跌的当日，A 股大跌。随后国际市场强势反弹，并且超过了下跌的跌幅，A 股没涨。随后国际市场横盘，A 股继续下跌，并创新低。所以 A 股跟国际市场的关联程度是，只跟下跌，不跟上涨。

为什么 A 股跟跌不跟涨呢？原因最直接的就是：股指期货。

有以下几个原因：

1. A 股在推出股指期货以来，市场一直呈现震荡盘下的走势。

2. 在这个波段下跌的很多时间里，都跟上周四的走势很是相近，盘中没有领跌的股票，领跌的原因就是股指期货。你要是仔细观察期指的分时线，再看上证指数的分时线，你会清晰地看到这点：期指比现货指数表现更快。

3. 多次反弹非常好的时候，行情出现了夭折，其中一个重要的原因就是期指做空，因为波段性反弹的顶部都有单日大阴线出现，2010 年 11 月 12 日、2011 年 4 月 19 日、7 月 25 日、11 月 16 日、2012 年 3 月 14 日。

那么期指难道得病了？怎么只知道做空不知道做多呢？这里我已经多次说明了，其主要原因是股指期货目前的交易政策制定的，机构被严格地规定为套期保值。这个交易政策现在非常非常值得商榷。

　　政策的初衷是好的，严防股指期货被恶炒，但问题的关键是，它打破了市场的平衡。套期保值的定义是，有股票多头才能对应做期指空头；有股票空头才能对应期指的多头。而在推出股指期货的时候，机构股票多头已经普遍存在，而在转融通不成熟的前提下，股票空头理论上存在、实际上做的机构几乎微乎其微。

　　那就代表了机构做套期保值，股指期货方面绝大多数只能做空，做多无门。我们从期指的持仓数据上能够看到，空方持仓始终占优，这个数据是中金所披露的，但中金所始终没有披露机构在套期保值中，到底多少仓位是做空的，多少是做多的，多空比例是多少。我觉得这个数据是很重要的数据，要是披露了问题就一目了然。

　　所以现阶段的股指期货就是一个不平衡的股指期货。因为期指之前是一个新产品，大家都没有形成操作共识，当市场推出以后，由于政策使得严重地向空方倾斜，一开始都是试探性的套保，而现在已经开始倾向于赤裸裸的做空盈利了。不要再说期指使得原来只能承受股市下跌的资金，有了避险的工具。之前的上升和下跌是对称的，有了股指期货之后，加之"机构只能套期保值"的交易制度，做空期指的机构最多只是赔的少，做多的、包括股票在内基本是亏损的。所以股指期货推出这么长的时间里，市场只知道跌，不知道怎么涨了。

　　这一点和周四那天的下跌过程中可以清晰的看到。盘中一直震荡盘下，持仓手数创了 7 万手历史新高，当时我就觉得做空的已经很明确了，是"套期保值"的机构们，那么对应的多头是谁呢？因为在撮合交易里，多空是对等的。

周四全天都是震荡盘下的，多空呈现空方一边倒，只有在14:03 出现了全天最明显的反弹，但当我看到分笔成交明细，心里突然出现了一丝失望。因为连续出现 5 笔左右的 300 多手单笔成交，后面的状态竟然清一色的全都是"空平"。

空平是什么意思？就是空头平仓，同样是上涨，做多的叫做多开，即买入做涨，而空平是之前做空的平仓。这两个有非常明显的本质区别，这说明即便是上涨，起到决定作用的只是空头在平仓，并没有资金在低位开仓做多。机构也在抱怨，我们也想做多，但做不了多，这什么情况？

上次我说期指多空首次决战，为什么说需要一个强有力的领导者，因为目前的多方并不是力量不够强，而是心不够齐。期指肆意做空，这带领了很多资金陆续地加入空方阵营，这不是信念或信仰的问题，因为资本的本质是逐利的。只有在超跌或大跌的情况下，才部分的翻多，当然还有之前说的空头平仓，空头平仓是等市场反弹，不用等反弹到高点，中部就再继续开仓做空。每次上涨，都有一批虎视眈眈的等着开仓做空的机构盯着，这怎么涨？

我们为什么不能在转融通等做空机制成熟的前提下，规定机构做股指期货要限制在一定的交易数量，这同样可以规避爆炒，而非一定要死规定机构只能套期保值呢？我们套期保值的时机成熟了吗？如果不能出现机构之间的博弈，而是机构之间几乎清一色的只能做空，这样的市场怎么做啊？

若期指的政策未变，股市则仍需反思。

2012 年 6 月 25 日

股市持续走弱的解决方法

昨天我在写股市持续走弱的问题根源里，谈到了其下跌本质就在于股指期货领跌，而股指期货的下跌原因是因为制度严格限制机构交易期指只能进行套期保值。在股票做空非常不成熟的前提下，机构绝大多数就只能单方面地做空股指期货，期指出现了不是机构间的博弈，而是机构整体做空与散户做多之间的博弈。若这个问题再继续视而不见，散户估计也会陆续倒戈加入到空方阵营，那样的话，A 股将很惨烈。

其实我并不喜欢政策救市，因为如果市场到了需要政策才能救市的时候，通常都已经惨不忍睹了。所以昨天我写那篇文章，希望相关的人能够看到问题所在。机构交易股指期货，严格地控制为套期保值的初衷是好的，但没有考虑到机构几乎清一色的做空这个现实问题。因为套期保值，在下跌里能够做到保值，没有考虑到下跌的原因就是套期保值造成的。换句话说，没有套期保值的这么多机构，也许就根本没有下跌。

如果套期保值的初衷是为了限制爆炒，那就更应该设立对等的交易制度，即可以开空、也可以开多的市场才是合理的市场。别寄希望于推出股票做空的方案了，股票如果可以做空了，主力就会利用各种信息优势进行个股做空，叶某说的个股做空机制推出可能导致长时间没有牛股的可能性是存在的，而且即便推出了股票的做空机制，空股票多股指期货的机构也不会很多。因为从对冲机制和交易习惯来看，股票做多股指期货做空会占绝大多数。所以最终解决不了"机构套期保值"的先天性缺陷。

那么怎样才能既限制股指期货出现爆炒，又能设立对等的交易制度呢？

首先，应该立即取消机构交易股指期货被严格地限制为套期保值，除非在做空机制非常完善的前提下。这样机构之间才能形成对等的博弈，有了博弈，市场才会趋于合理化。涨得多了，会被市场拉回；跌得深了，会被市场修复。

其次，严格限定机构交易股指期货的资金比例，在交易规模上给予限制，而不是在交易方向上。这同样可以做到限制股指期货市场的爆炒，市场涨跌，就让市场说了算。

第三，开设迷你期指，期指的门槛太高，不管是套期保值还是避险，大家应该有同样的交易环境和交易规则，这样才能是公平的市场。普通股民做不起股指期货，而下跌又不能做空规避风险，机构又被严格地限制套期保值（大多数只能做空），那不等于把普通股民的资金送给机构赚吗？

第四，注意做空机制的推出时点。尽量选择在市场高位推出做空机制，之前涨了做多有的赚，推出之后下跌做空还有的赚，两头赚。如果在低位推出，就像股指期货，下跌已经导致市场出现了损失，继续下跌，导致加大亏损。若你反过来做空，将来涨有可能两头赔。

这几条都能解决市场持续走弱的问题，尤其是前两条，很是对症下药。

其实要求也不高，只是要求一个不论资金大小，不论做多还是做空，大家都可以站在同一起跑线上，公平地拥有自由选择权的交易环境。

✅ 2012 年 8 月 5 日

周五在给学员加课的时候，也曾经重点讲过关于政策性利好对于市场的作用，其实是有限的，至少与大家对政策性利好对市场的帮助作用的那种期待是相差比较远的。很多人是希望能够在市场如此低迷的情况下，政策能够救市，给市场注入信心，这可以理解，但未必有效。

这可分为两个方面：首先是救市政策救不救得了市；其次才是怎么救的问题。

2001 年开始的下跌，是 998 点之前 4 年熊市的开始，期间的救市政策几乎都是实质性的，从降佣、降税到降低交易费用政策；到大力发展开放式基金、新股申购采取市值配售为代表的增加股市资金投入政策；到暂停国有股减持、并停止国有股减持的决策性纠错政策。哪一个不是实质性的利好？但结果怎么样？股市照样跌了 4 年，跌到了 998 点。

2008 年的大暴跌，一年因为利好政策两次大盘涨停。2003 年左右关于国有股减持错误制度，然后纠错一样也导致大盘两次涨停。这些刚好是最近 10 年里大盘仅有的 4 次涨停，但它们有共同的特征，即都是因为政策导致市场涨停，但无一例外都没有阻止住市场的下跌趋势，也就是说只是形成小级别的规模性反弹。相反，这 4 次相对较大力度的政策导致一开盘就都涨停了，利好政策"之后"而慌乱买入的，追涨的投资，几乎都成了"套牢盘"，这是个惨烈的事实。

2006 年至 2007 年大牛市的时候，为了抑制市场过度炒作，市场不断地回收流动性，提高存款准备金率、加息成了常态，那个阶段大家忘了吗？那是明显为了抑制股市过热而利空性消息，但阻止住股市上涨了吗？一开始出加息的消息股市低开高走，到后来都懒的低开高走了，直接高开高走。2007 年 5 月 4000 点时，交易印花税由千分之一加到千分之三，这已经是十分明显的利空了，大盘呢？其后还不照样从 4000 多点涨到 6000 多点？

所以 2008 年大跌的真正原因是什么？是因为 2006 年、2007 年的暴涨，而 2006 年、2007 年的暴涨原因是 2001 年到 2005 年的下跌，股市有自身的波动规律，有波峰波谷，有潮起潮落。2006 年、2007 年的那种疯狂的、非理性的 600% 的升幅行为，透支了未来好多年的市场资金。大家想过没有，6000 点的时候，那是我们从未遇到过的几乎"全民炒股"的时期，身边的朋友、同学、同事，几乎都在谈论股市。

这个空前鼎盛的参与群体高度，在未来很长一段时间是难以达到的，原因很简单，我们身边的朋友、同学、同事的数量变化并不大，人口基数变化并不大。所以，短期创新高的可能也是不大的，6000 点的时候伤了一大批人，消灭了一大批冲动性买入的白领，他们的悲惨经历会告诉身边的人，因此在交易数量上根本就难以到达 2006 年和 2007 年的水准。这个数量到不了，市场在没有资金的支持下，如不开放境外市场，怎么能超过前期的高点呢？

这些年我都不认为会有太大的类似 2006 年、2007 年的大行情，这几年是股市的反思之年。

但目前来讲，大家期待股市出救市政策也情有可原，因为市场在下跌诛心，被诛心的期待管理层出手治病救命。管理层不救，就大骂特骂像个泼妇一样，只知道宣泄情绪，这是不对的。有涨有跌本就是市场的正常现象，你就不想想，管理层难道不想股市长牛不衰吗？所以管理层挨骂我觉得有点委屈，因为没见涨的时候大家夸过啊，怎么赚钱就是自己的功劳，亏钱了就是别人的原因。

所以我能理解大家希望政策救市的心情，嗯，记者媒体同志们也理解，管理层也理解。所以周五又公布降低交易费用，当然只是降低交易所费用，因为这个他们说了算。但那篇文章我看了，整篇文章里，只有最后的一小部分，才谈到交易印花税的问题。还是"被"问到的，即没有打算或考虑到说这个事，大家再想想，你要是管理层问到是否降交易印花税的这类问题，你怎么答？估计也得说"正在探讨"，因为正在探讨，是最合理的。

即不肯定同意，也不肯定拒绝。

这太好理解了，因为交易费用，证监会和两交易所完全可以说了算，市场低迷的时候，这就是做出表态。红利税、印花税是财政部门收的，交易佣金是证券公司收的。证券公司的交易佣金目前已经竞争得非常激烈，行情又低迷，本身生存都有难度，再让其降低收入，是很有难度的。（我说有难度，未必降不了，因为目前很惨了，降不降低都不一定会更惨。而降低之后，可能会导致一波小行情，交易量会上来一些。）

至于财政部，和咱管理层完全是两个部门，不是我们说降就降的。所以我们管理层说正在探讨，是合情合理的。而我看了这整篇文章之后就发现，这个漏洞被媒体抓到了，尽管只占了全篇文章的 20 分之一不到的地方，只这么一句话。媒体自然是知道，那更吸引眼球。所以降低交易费用到不如"和相关部门商讨降低印花税"更吸引人，我周五加课时就说到这块了，这次又被媒体"暗算"，果然在之后的昨天进行了"辟谣"，说近期没有推出打算。就算有印花税的消息，也是财政部来说，不会是证监会来说。

辟谣了之后，估计又是一顿骂声，忍了吧。行情低迷，市场的参与者都避免不了这种"躺着也中枪"的命运。

可是，大家为了这些个降低费用的救市政策，炒作得正厉害的时候，我觉得这根本不管用，就算降低了交易印花税，未必能改变大盘的方向，至少前面没有成功的案例，到有好多失败的。

什么政策确实有效呢？我谈谈我的观点。

从暂停国有股减持到停止国有股减持，我们能够看到管理层对于错误政策进行纠正的勇气。我个人认为就是反应有一些过慢了。当然，如果不出现"市场不适应症"也体现不了"错误"的性质，这是个有对应性的问题，所以我只是说反应过慢。

罪魁是股指期货的交易制度，再准确点说，是"机构交易股指期货被严格定义为套期保值"的这个交易制度。套期保值的本意是不错的，但应该是市场做空机制成熟的情况下，才有双向的套期保值，即开股票多头的，可以开股指期货的空头；开股票空头的，可以开股指期货的多头。而在转融通等做空机制非常不成熟的前提下，这种"套期保值"的机构，几乎变成了清一色的期指做空方。

位置不够低吗？不想做多吗？不是不想，是做多无门。看着每次股指期货的上涨，右边的成交状态一片一片的"空平"而非"多开"，我就有点无奈。千万别说股指期货不是下跌的罪魁祸首，你要是盯盘口，用不了半天，你就明白这种"期指带领，股指跟随"的现象，并且这种现象已经持续了好长的一段时间，到目前一点没好转，而且愈演愈烈。

股指期货推出前，我也说了股市除牛市外，即便在惨烈的熊市，每年也有一到两波"中级"行情。可目前，股市已经忘了怎么涨了。这已经非常说明问题了。

曾经有个期货的分析师在中央 2 套节目里说，股市的下跌跟股指期货没有太大关系，因为大部分时间里，股指期货都是"升水"的。其实到目前升水也是占到绝大多数，可是谁说升水的期指，盘中下跌的时候，股市不跟随？盘口上谁快谁慢，可是一目了然的。

曾经还有个基金公司的经理在说，股指期货的推出提供了他们在熊市里保值的功能，公募里排名前十的基金，都参与股指期货，躲避了熊市的冲击。为了说明股指期货的"优越性"，可他忘了，你可以躲避熊市的冲击，50 万元的开户门槛，把广大中小投资者直接挡在了门外，他们躲避不了。他更忘了，要是没有那么多的机构做空股指期货，可能都不一定有熊市。一面制造熊市，一面还在跟躲避不了熊市的投资者说自己躲避了熊市，这种事有什么可炫耀的。

正因为股指期货是个婴幼儿时期，所以我们能够理解股指期货的政策有考虑不周的因素，先不说门槛导致的准入失衡，有的能做有的不能做（未来会用 MINI 期指来弥补），但就现在的"机构交易股指期货严格控制为套期保值"这个交易制度来讲，是值得深思的。

在股票做空机制不完善的阶段，若执行套期保值，想做多都没得做。若机构只能做股指期货空，做不了多，做多的就只有普通投资者，那做空力量明显比做多更强大，股指期货又比大盘快，带领着大盘，你就不难理解股市为什么这么低迷了。

深思吧，虽然成熟的交易制度是博弈的，而博弈应该是机构之间的博弈，机构之间可以自由选择做多还是做空，若变成了机构和普通投资者的博弈，力量相差悬殊太大，股市下跌成必然。

作者点评

本文有一个量化的概念，就是几倍行情的 2006 年和 2007 年所创造的财富效应和长牛效应，掀起了全民炒股的热情，这股热情将 A 股推向顶峰。

但 2008 年的下跌，伤透了绝大多数人的心，2008 年的惨烈，很多人可能这辈子都不想进股市了。这之前中国 A 股的历史上从来没有出现过，大家可以深思一下。也就是说首次全民炒股，然后被深深伤害。就算再来一波一样伟大的行情，一样的财富效应和一样的长牛走势，仍然不会再形成 6124 点的全民炒股的热情。

因为首次就代表他们之前没有伤过心，当被伤了心之后，同样的行情，但心情已经不同了。人心很难到达鼎盛，资金就会差一大截，6124 点在很长的一段时间是中国股市的珠穆朗玛峰，这我是知道的，其实只要思考一下，并不难。

2015 年的股灾之前，指数涨到了 5178 点，很多人都会认为是冲击 6124 点的最佳时机。但 2015 年并不是全民炒股的热情超过了 6124 点，而是可以加杠杆，不是全民炒股，但是有点像全民杠杆。杠杆率一倍，就是等于 2006 年、2007 年同期两倍的交易人群，所以并不是人数上超过了6124那波，而是在杠杆率上。

2015年的股灾，又一批投资者被伤害，所以5178点的高点，我用同样的推理，认为很多年都会过不去。

很多年并不代表永久，放长一点眼光来讲，5178点和6124点终将成为历史。那会在什么样的情况下呢？我做几个设想。

1. 时代变迁。80、90、00后成为社会的主力，他们创造了财富，他们进入到或成为下一个循环的主角，他们没有被市场伤害过，他们对市场了解不多，无知所以无畏，无畏创造历史。

2. 全面对外开放。让整个世界的资金成为A股的推动者，我曾经开玩笑跟学员说，我有一个理想，股市冲过6124涨到1万点，实在涨不动了，然后全面对外开放，解放全中国套牢全世界。

3. 经济高速发展。社会财富成倍增长，上市公司数量不断增多，财富基数加大，投资者平均每人能够掌控的资金大幅增多，虽然人数不会再创纪录，但投资额总体会超过6124或5178点。

2012年9月17日

及时查找原因

今天大阴线，两市又出现了每逢星期一习惯性下跌，大家特失望是吧，好像反弹夭折也跟黑色星期一一样快成为习惯了。副总理在近期表态，要把保护投资者利益放在股市改革突出位置。

里面有句话是这样写的：令人遗憾的是，由于多重复杂的原因，今年 5 月以来沪深股市接连下跌，大家对市场现状并不满意。为此，及时查找原因，采取必要政策措施，保护投资者利益，维护市场改革信心，显得尤为重要。

我认为六个字最为关键："及时查找原因"，**首先要查找股市下跌的真正原因，第二要及时。别等跌得体无完肤了再想怎么救，要及时采取必要措施，及时两次被提到。**

现在很清晰的一个客观事实，就是股指期货在带领股票下跌，自推出股指期货以来，股票就几乎不知道怎么涨了，前期我已经大篇幅地论述过了，股指期货推出来的这段时间是失败的，别信基金公司说的那句股指期货的推出才使得他们在熊市里有了避险的工具，这句话是最大的谎话，没有期指的做空，也许就没有如此长时间且惨烈的大盘的下跌。大家可以在自己的电脑上下载一个股指期货的软件，同时看股指期货的 1 分钟图和指数的 1 分钟图，希望中金所的管理层也同时下载一个，那么你就会清晰的发现，股指期货要比指数现货快很多，即股指期货带领股指涨跌。

股市下跌的原因简单而直接："就是股指期货带的"，解决了股指期货的现存弊端，就解决了股市，就知道为什么市场不知道怎么涨了。而股指期货的总体设计是非常好的，它能修正过渡上涨和下跌，问题的核心因素就是出现在一个环节："机构交易股指期货被严苛的规定为套期保值"。

什么是套期保值呢？就是你有股票的多头，你能对应地开股指期货的空头。你有股票的空头，才能对应地开股指期货的多头。前期有位期货公司经理已经非常明显地指出来，这个制度有明显的缺陷，因为在股票做空非常不成熟的情况和前提下，机构客户几乎是清一色的做空股指。

中金所为什么不能公布现在交易股指期货机构客户的具体数据呢？到底有多少是做多股指期货的，多少是做空股指期货这个数据只要一公布，问题在哪就会一目了然。

千万别寄希望于股票可以做空了，股指期货市场就趋于平衡。即便是将来股票做空成熟了的情况下，大家可以想象一下，你可以股票做多，期指做空进行对冲；也可以股票做空，期指做多对冲。在同样的情况下，你会选择哪一个？你不还是会选择你曾经熟悉的方式吗？即股票做多，期指放空。所以，仍然不能达到一种理论意义上的多空平衡，而是向空方倾斜。

机构客户交易股指期货的套期保值制度，太不合理。因此，股市连跌问题的最佳解决之道，是修正指数期货的交易制度。我们可以通过限制占主导力量的机构客户的交易数量来控制风险，而不能在制度上限制机构客户的交易方向。

------ 作者点评 ------

及时查找原因，说白了就是赶紧查一下股市为什么下跌。

有一首歌，叫做《一千个伤心的理由》，但其实没有那么多，伤心的理由也许只有一个：失去所爱。

决策层及时查找原因，说明还不知道原因是什么，或者说不确定，或者智囊团们给了决策层一千个下跌的理由。

也许下跌只有一个理由，它是根本原因。所以我只说一个，这是本书第一个高潮的部分，我将倾注我个人之全力，来阐述导致股市下跌的真正原因。

2012 年 9 月 20 日

股指期货世纪之战(一)

近期我在博客里写了多次市场下跌的真正原因,即股指现在很明显地跟随期指在运行,期指涨跌更快,解决了期指的问题,就解决了股指的问题。股指期货的问题最不合理的就是,机构交易股指期货被严格限制为套期保值。我们不能抛开 A 股现行的运行状态而全盘西化,再次希望中金所能够公布机构交易股指期货的仓位里,多少是做多的、多少是做空的。只要这个数据一公布,问题将一目了然。

写到这之后,也不断地收到了部分投资者的反馈,很多投资者问了同一个问题,为什么说机构交易股指期货也不赚钱?因为套期保值的交易制度,仓位不能超于股票仓位的比例,所以即便股指期货做空是赚了的,但由于这个比例有限,不会超过股票做多的仓位,所以就整体而言,机构期指赚了,但少;股票赔了,但多。总的来讲是不赚的。

而且,如果没有这个非常不合理的股指期货的交易制度,机构也不会集中做空股指期货,不集中做空股指期货,A 股也不会只知道下跌不知道上涨了。**我们需要一个均衡的市场,做多和做空是对等的,所以不应该限制交易方向,可以限制交易数量**。

所以我为什么说,某基金公司经理的话是谎话,他说做空股指期货的套期保值,才让他所在的基金躲避了熊市。这完全是拍股指期货的马屁，因为没有他们做空股指期货，期指不一定会下跌。期指不跌，指数会跌吗？而期指的 50 万交易门槛，更是生生地把绝大多数投资者隔在了期指交易门外，当着绝大多数做不了期指，无法在下跌中收益的人当中说自己在下跌中收益了，这有什么好炫耀的？

各位基金经理们，你们也不用高兴得太早，机构交易股指期货的套期保值制度是一把双刃剑，现在的某一天更正了，做空的也会很受伤；将来的某一天出了，做空的会更受伤。

因为：

1. 之前做空期指的机构毕竟是少数，随着下跌时间的持续，和做空期指进行对冲成功的案例普遍增加，基金公司冲进股指期货做空的将达到一个峰值。这个峰值之后，不会有新增的做空股指期货的力量，我之前在写股指期货多空大决战的时候说到了这一点，超级主力必须等空方的这个峰值到来之后才会出手，我当时给的是成交量和持仓量都会大幅增长的，那时候持仓为 5 万手，成交为 20 万手。目前持仓和成交的手数均大幅增加，所以这个股指期货的第一次世纪之战马上就要到来。

2. 每当众多机构方向形成一致博傻行为的时候，市场总是出人意料。越跌越增加的持仓手数已经说明了这个问题，即市场在持续下跌之后，机构套保的人越来越多。上一次是各大航空公司套保原油期权，几十块美元的时候不买，都是在 120 多的时候开的多单，结果直接从 147 美元每桶跌到了 37 美元每桶，超级主力几乎洗劫了当时所有做套保的航空公司。这波期指做空的基金公司，你若想不到这一层，历史将在未来重演。

3. 机构交易股指期货的这制度不改，有行情最多是平仓，而底部增加的持仓量已经表明，多数机构都是在底部加的空仓。也就是说，目前的这个位置，只要一起行情，多数机构因为开空仓的位置太低，将被套牢。而交易方向的单一使得这制度成为损失的最大原因，而一旦底部纠正这个错误的期指机构套保制度，指数将会上涨 50% 甚至更高。这还算是幸运的，因为早点反应的机构或能再反手做多的过程中，形成一定的扭亏。若再在大涨之后，再高位进行纠正这个错误的套保制度，你想扭亏也做多无门，这个制度限制了你。那对于空头将是致命的，因为我所说的 50% 的上涨，并不单指低位，高位也一样，不管涨了多少。只要机构只能套期保值的这个制度进行纠正，还会继续大涨。因为那将把多空双方的均衡彻底改变，会涨到做空的人，崩溃。

而现在，根本就不排除超级主力先做空杀多头，然后在低位反多杀空头，两头杀。我们面对这个市场最为凶悍的头脑的较量，你怎么办？如果你之前没思考过这个问题，现在想想吧。

先思考吧，下一篇文章里，我再写我的想法。

————————————— 作者点评 —————————————

我写这篇文章的时候，股指期货多头溃不成军了，机构清一色做空改变了股指期货的生态，多空开始失衡了。

我写，是希望给盲目做空的提个醒。

别太嚣张。

小心，会被市场反杀。

2012 年 9 月 23 日

股指期货世纪之战(二)

前面我说了机构做空期指，由于其严苛的套期保值制度，它们整体上是并不赚钱，因为套期保值的要求是，必须持有股票多头，才能开期指空头。而期指的空头数量，却由股票的多头数量而定，在量级上是超不过股票的量级，即股指期货的盈利部分并不会超过股票的亏损部分。所以机构并不赚钱。

那么新问题又来了，机构如果并不赚钱，它为什么要做股指期货呢？因为你做了，虽然不赚，但可以少赔钱，他如果不做，则是大赔。去年中央 2 套采访某基金经理，他说基金排名前十的，都参与了股指期货的交易。金融这个圈子很小，这个事情难道其他的基金公司或机构看不到吗？不，并不是，是它们的反应过慢，或者说它们相对比较保守，它们喜欢并且习惯了固有的交易模式，当新事物推出来的时候，想观察一下市场的反应，然后再定。

而市场的反应是，第一批吃螃蟹的，尝到了螃蟹的鲜美，然后就陆续地有人加入到吃螃蟹的过程中。这从期指的持仓手数由 3 万到近 10 万的增加能够看出来，目前虽然不说绝大多数机构、基金公司都参与到股指期货的套期保值，那也是差不太多了。所以上一篇文章我就指出，股指期货的第一次世纪之战，需要到基金公司或机构做空到达一定的峰值，即到达一种相对饱和的状态。

不要觉得期指做空机构已经赚了不少的钱，其实持仓手数的增加，大部分都是在低位增加的。即大部分机构，到目前的盈利情况比较微小的，因为它们吃螃蟹太晚了，而又不得不吃。这跟2007 年国内的航空公司做多原油期权是一样的，开始做的账面上盈利较多，后来做的账面上的盈利很少。而当各大航空公司都想吃螃蟹的时候，国际原油见了顶。从 147 美元每桶，跌到了 37美元每桶。2008 年一年，国航因为这次套保交易，损失了 30 个亿，而 2008 年全年的盈利为 33 个亿。一句话，2008 年国航为国际投行打工了。

这个事必然会出现在国内股指期货上。做空的主要力量已经相对明了，为机构，包括基金公司和其他大小机构。并且随着赚钱效应的体现，越来越多的机构加入到由中金所颁布的套期保值中来。我说了，必要到达一种相对饱和状态，即机构几乎绝大多数都开始交易股指期货的套期保值，并且绝大多数的仓位都很高的时候，大战即发。

做空的在明，为机构。那么做多的在暗，他们是谁呢？

真的是个人账户吗？我们且不说 50 万的开户门槛把绝大多数的个人投资者已经挡在了门外，就算没有这个限制，个人对抗机构的情况也不多。不是因为他们的力量不够强大，而是心不够齐。那么做多的隐匿在多头当中，这股力量低调得无比强大，嗯，这个词很准确，无比强大。它一直有一个惊天的秘密和一只无形的手。

几个月前，我说股指期货世纪大战之前必须经历多空双方的相互试探，到目前这个过程仍在继续。但当空方的力量到达一种相对的饱和状态时，就会开战。我们计算一个数值，拿持仓 10

万手(现在是 9 万多手)来计算，股指期货波动 1 个点，有 3 千万的盈亏；股指期货波动 10 个点，就有 3 个亿的盈亏；股指期货波动 100 个点，就有 30 个亿的盈亏，1000 个点呢？有 300 亿的盈亏。

1000 点是多少？2010 年 7 月 2 日的那波，不到 4 个月的时间里，中间还有一个国庆长假，股指期货涨了 1200 点。也就是说这个难度并不大，所以你必须关注一个情况，就是股票地价见地量。为什么股指期货越低，持仓手数却越高。如果涨 2000 点呢？如果涨 3000 点呢？这个秘密的答案是什么？

答案只有一个：洗劫机构。

我们做一种假设，股指期货在下跌的时候，机构并不赚钱，当机构越来越意识到要跟随绝大多数，套期保值交易股指期货的时候，通常都在低位，就像绝大多数航空公司做套保多数是在高位一样。当这个交易到达一个顶峰之后，行情一旦大幅上涨，那么基金公司为代表的机构，就会被洗劫。就像国际投行洗劫国内航空公司一样，基金公司因为套保，原有股票在行情上涨的利润的大部分将被洗劫一空，基金公司将为某个神秘的力量打工。这不是一两家，也不是一二十家。目前的持仓规模可以看出，众多为了吃螃蟹的机构和习惯了做空赚钱的投机个人，将面临非常巨大的风险，绝非危言耸听。

因为这个事太重要了，下一篇文章里，我将写为什么股指期货的世纪大战会以多方胜利告终，请看股指期货世纪之战(三)。

·+·+·+·+·+·+·+·+·+·+·+·+·+·+· 作者点评 ·+·+·+·+·+·+·+·+·+·+·+·+·+·+·

上一篇我只是提个醒，做空的不要肆无忌惮，不要太嚣张，小心被市场反杀。

本篇文章是用数据说明，这种可能是存在的。

而我试图表述一种路径，根据这些数据，如果我是反杀的总指挥，我将如何操作。

·+·

 2012 年 9 月 25 日

股指期货世纪之战（三）

今天继续写股指期货的世纪之战，通常作为普通投资者，可能这一生当中也遇不到几次金融市场上的世纪之战，比方说 1998 年香港的金融保卫战、国内早期的 327 国债、国外索罗斯的英镑阻击战等。不过我们就要遇到了，不论我们置身其中还是其外，不论我们喜欢还是不喜欢。

我形容本次在股指期货市场上的战役，规模上和级别上都是很大的，每个位置的争夺都很激烈，多空双方拼到巅峰时期的时候甚至比现在的成交额和持仓额还要大幅增加，盘面的惨烈程度会更甚，就连指数也不会走得很平稳，将出现反复且剧烈的震荡走势。

但最终，获胜的会是谁呢？答案是多头，原因有以下观点。

1. 头寸。股指期货虽然机构被要求严格地执行套期保值，但仓位上仍受到一定的限制，跟持有股票的仓位有一定的关联比例。即做空的机构终会形成一定的交易顶峰，数量上的限制在关键时刻会导致致命的缺陷。1998年香港恒生指数金融保卫战，为什么最终香港政府能够胜出，因为股票抛售得再多，终究是有数的。钱有多少？没数。这就好比空方打得再好，再集中也没有用，粮食弹药终究会用尽的。

2. 信念。看过《亮剑》的，里面有这样的一个道理，战争到最后已经拼的不是装备、人数、后援补给，而是意志力。股指期货的这场世纪之战也是一样，最终获胜的是需要意志力更坚定的一面，信念将起到决定性作用。

我为什么说做多的会有更坚定的信念，因为首先市场已经在低位了，只要你相信指数不会跌到零，那么空方再怎么逼空，向下终究有极限的。所以做多的人，无论是大资金还是小资金，都会感受到至少有这个底线在，相信未来会反败为胜的信念就会永远都在。反观做空的，一旦行情开始上涨，请问极限在哪？2500点、3000点、4000点、5000点、6124点吗？还是10000点？美国从几十个点涨到了14000点，恒生指数涨到了3万多点。

我们遭遇惨烈下跌，但终究会有尽头，而上涨，请问有几个在998点的时候想到过6000点？大盘涨了近500%。股指期货满仓波动20%就输赢100%，要么爆仓要么翻倍，我们挺得过下跌，因为下跌终究有尽头。在上涨无极限的背景下，做空的信念在哪里？如果大盘再来一波500%的做空的谁能抗得住？信仰会在决战到关键时刻起到决定性作用。**做空没有信仰，决**

战的时候，只要价格冲过空方心理防线，多数空方并不敢死守，空方就会溃不成军，因为"跌有限、涨无限"这句普通的话将像一把锋利的匕首，插进空方的致命之处，他们的内心深处因此缺失信念。

3. 环境。行情持续低迷好多年，做多顺应民意，众向所归，从管理层到普通投资者各方叫好。**做空人人喊打，做多师出有名**。

综上所述，最终的胜利者，是属于多方的。但我们目前面临的是这个市场上极凶猛的头脑的较量，根本就不排除超级主力先做空杀多头，杀到低位然后在低位反多，杀空头。两头杀，双杀。

我们该怎么办？如果你之前没思考过这个问题，现在想想吧。我的观点，将在股指期货世纪之战(四)完结篇里详述。

------------------------ 作者点评 ------------------------

本文讲了一个核心的关键所在：做空，没有信仰。

向下空间是有限的，向上空间是无限的，无限则无信仰，这是交易上的信仰。

做空，只是为了赚钱，击溃股市甚至击溃经济，无国无家无道德标准；而做多，为民为社会为正义，且师出有名，这是价值观上的信仰。

信仰坚定的一方，最终将会胜出。

2012 年 9 月 27 日

股指期货世纪之战(四)

当我们进入到这个市场里来,我们就遇到了这个市场里,最聪明、最凶猛、最专业的头脑的较量。我并不知道大家有没有想过一个问题:我们如何胜出?我们怎样在如此残酷的环境下具备竞争力,我常思考这样的问题,在金融市场里这么多年了,它帮助我养成了一个好习惯,就是遇到事情,多思考。

有时候,我们会遇到极限市场,好像固有的交易模型和交易方法都不好用。就像现在主力先利用股指期货做空杀多头,将来再反手做多杀空头。两头杀,也叫双杀。这样做有两个好处,因为上一节我们讲了最终的目的是要做涨的,因为做空者没有信念。但如果不先杀一波空下来,即便做涨也不会有很大的对手盘。连续的市场下跌,主力在引领,让一开始做空的尝到做空的甜头,基金公司和机构的套保队伍在越来越大。

但这个仓位会有一个极限,当市场到达了这种极限之后,再向下跌就没有意义了,而一旦证监会和中金所改变股指期货的机构套期保值的交易规则,所有的布局都白搭,因为机构有可能会率先反手,吃饱了抹嘴跑路。所以主力要想引机构入局,必须当绝大多数机构开始几近满负荷套期保值做空的时候,在其没有很大利润的时候率先反多,套住它们。

而这个时候,通常是一种承受底线的突破,很有意思的是很多机构是高位不看空的，持续下跌到低位才开始看空了，这从一直下跌而股指期货的持仓手数却一直在增长上可以清楚地看出。部分做多股指期货的或做多股票的人，在跌到某种承受不了的极限的时候，原来在下跌一直持有的、一直不肯卖出的，过了这个极限就崩溃了、就卖出了。

所以主力一直在拷问市场的底线，有部分投资者，开始做多、被主力做空杀多；后来反空了，将来再被主力做多杀空，来个双杀，这才是最惨的。有时候我为什么顶着压力而坚决不让大家在低位卖出，现在也许你不懂，但将来你会懂的。被双杀的感觉那将不仅是失望、悲伤、气愤，而是巨大的挫败感和沮丧感。

因此，当我们面对市场里这些最凶猛、最聪明、最专注、最具实力的头脑较量的时候，单纯地从技术、基本面、消息面、政策解读，我们都不占优势，大家仔细想想对不对。

那我们该怎么办呢？找到一种主力也无法跳出的圈子、无法脱离的规律。

人类文明流传至今，一共有三大类：艺术、科学、宗教。分别代表了，现象、数学、哲学。

研究 K 线、趋势、指标、业绩、基本面、听消息、赌政策，都是在研究"现象"的部分，在这个领域，我们不占任何优势。K线走好，再给你走坏；趋势突破再回到破位；基本面创历史低位，可市场在继续下跌；个股消息四起，却几乎没一个是真的；盼政策，我们的泪已哭干，政策还在开会研究呢。

所以，我不得不思考这些现象背后的数字运行规律，跳出主力、政策、业绩、经济这些东西对头脑的束缚，研究它们运行背后的数字基础。我是国内最早提出把现象的研究进步到数字或数学研究的业内人士之一，我在上个月（8月）新书《盘口》出版之前，我的第一本书《数字化定量分析》就是研究这个领域的。因为我实在不想看到，我第一次入股市的时候大家都在研究指标，研究跟庄。十多年后的今天，大家还在研究指标，研究跟庄。

所以我的很大部分结论，都是继续数字化定量分析里的统计学概率优势。我丝毫不怀疑它的稳定性，我一直应用至今，效果很好。基于数学我的整体交易思维和交易方式不会有太大的、太离谱的错误，但问题的关键是，并不是所有的人都知道或明白结论的成因，而即便看同一个结果也未必都有相同的效果，因为是人，就会有人性的弱点。数字虽然稳定，但人并不稳定。

主力就利用人性的弱点，痛击人的承受极限，这又回到了我们刚才所说的，面对如此凶猛的它们，我们该怎么办？

我们，要再上一个台阶，上升到哲学的层面上。多年来，我不断地尝试这个领域，但哲学太大了，我不敢奢言哲学，我只想用一些极简单的道理，来阐述事物背后的本质，或许化繁为简就是一种哲学的方式。

世界万物都符合这个世界的规律，月盈则亏，水满则溢，盛极必衰，物极必反，阴阳转化，盈虚消长，这就是自然的规律，也是世界的规律。股市既然是自然和世界的一分子，必然符合这个规律。你相信只跌不涨的股市吗？高位，不管多么吹嘘未来，目的也是为了让你买进去。低位，不管多么惨不忍睹，都是为了让你卖出来。你只需要具有判断高低的能力，就应该知道对策，主力的手法再凶悍，也胜不过你对交易的思考。

现在的这个位置，我们最需要研究的并不是方向的问题，而是怎样能在这种严酷的环境里生存下来，而不倒在黎明前的黑暗里。哲学，是对你有帮助的，它能够引领你方向、给予你信心和力量。让你的心中充满信念，相信今天承受的所有痛苦，都将成为未来幸福的缘由。而这个过程是经历了对市场的思考、对逆境的承受，也只有经历了这个过程，将来你在拥抱未来的时候，才会觉得那么真实，刻骨铭心，且永生难忘。

至此，股指期货世纪之战，全写完了。此战，做多者，必胜。期待后面市场能够得以验证。

一切基于信念。

+·+ 作者点评 +·+

本文有点偏哲学了，首先我提出一个思考，我们一进入到这个市场里，就会遇到这个行业最聪明、最凶猛、最专业的头脑的较量，我们到底如何胜出？

我认为99%的人没有做过类似的思考。

数学能帮我们跑赢大多数普通投资者，而哲学能帮我们在专业投资者里胜出。

因为，在这个属于自然界里的股市，必然会遵守自然的准则。

他们跳不出自然的准则的。

没有人能跳出，从这个角度，我们的起点一样，谁契合自然的准则越多，越可能胜出。

+·+

2012 年 10 月 14 日

悲催的两件事

上周我在博客里做了一个投票调查，原因是我看到了一个行业知名人士写的一段话："高某某：制度的完善需要一个过程，至少需要把大家都逼得快疯了，比如股市跌到 1500 点，跌到 1300 点。极度承压后，制度的完善才能驶入正轨。但毕竟中国股市是个大盘子，制度问题的解决至少也得两三年，到那时，市场才会重新起来。现在看，这还早着呢。"

这句话里我们不难看出两个事情。

第一，制度的完善需要市场"极度承压"，这几乎成为了市场专业人士的共识。2453 点以来的下跌，出现了多个黑色星期一，究其原因就是市场广泛认为管理层会在"承压"之后救市，如果周末消息面没什么救市动作，失望情绪就会在周一体现出来，大家可以观察这个下跌过程中，黑色星期一有多少（中阴线），而且大多数黑色星期一都直接低开。

为什么？因为市场的理解扭曲到，周末不出利好便是利空，并且已经成为了共识，做空者排除利好担心的市场反应：放心做空。现在就连专家也这么认为，必须"极度承压"才会进行制度完善，这点我之前也说过，要是真到了出政策救市的时候，股市早跌到不像样子了。

可是没办法，高先生说的是客观存在的，必须得经过极度承压，这是一个过程和结果的对应，就像得有"9·11"，美国才会反恐；动车出事，才反思高铁；股市大跌，才停止国有股减持。

其实这是一个悲催的逻辑。

第二，该专业人士认为，跌到 1300 点，把大家都逼疯，市场才算极度承压。也就是说目前还没有到"逼的出政策"的压力。对此我做了一个小调查，共有 15000 人参与。参与的结果是：10016 人认为"早疯了，还用到 1300 点？"占了绝大多数 67%；还有 3921 人占 26% 的认为"到 1300 点也不疯"；只有 1063 人，只有不到 7% 的人认为"不疯到 1300 点再疯"。

这个调查结果显示，绝大多数认为现在已经是"极度承压"了；第二大群体认为再怎么跌也不会疯，即不会"极度承压"；只有极少数的人认可高先生的言论，到那时候再疯，所以高先生恐怕要失望了。那么从高先生说的面临一个实质性的问题，就是市场从业人士不得交易股票，政策的制定者和经济专家智囊团都不做交易，让我们这些做交易的给他们修改政策营造一个"极度承压"的环境。

嗯，这个逻辑更悲催。

+·+·+·+·+·+·+·+·+·+·+·+·+·+·+·+ 作者点评 +·+·+·+·+·+·+·+·+·+·+·+·+·+·+·+·+·+

悲催的逻辑就算十年后的今天我再去看，仍然是成立的。

无话可说。

愿天堂没有痛苦，股市没有悲催。

+·+

2012 年 10 月 29 日

探寻股市下跌的真正原因(1)——指数为谁而跌

最近我一直就股指期货的套期保值制度提出了质疑，当然这并不是质疑指股指期货本身，股指期货产品本身的设计是非常好的，对于中国资本市场有着至关重要的关键性作用。我们之前的股市，涨的时候恨不得把十年的行情一两年全涨了（998 到 6124），跌的时候也恨不得一年把不该涨的全跌回去（6124 到 1664）。股指期货的作用在于使得市场更平衡，涨得多了就会有做空的出现，跌得深了就会有做多的出现。在抑制市场出现大起大落的这个层面上，股指期货的作用是显而易见的。

问题出现在其中的一个制度：机构交易股指期货被严格限制为套期保值。我为什么说股市下跌的原因会是因为股指期货的一个制度呢？今天我先要讲的是整个事件的基础。

是不是股指期货在导致股市下跌？

在我提出导致股市下跌的罪魁祸首是股指期货之前，其实是有很多的经济学家和专业人士持反对意见的。我在写这些文章之前就仔细地观察了这些专家的意见基础，他们的论据主要集中在以下几点：

1. 股指期货的量对比整个股市目前所占的份额仍比较小，以至于股指期货带领股市下跌这个理由牵强。有句话就是形容这个意思的："不可能几万股指期货交易者，干掉几千万股票交易者。"

2. 导致股市下跌的理由有很多，最主流的比如欧元区债务危机、国内经济明显下滑、楼市调控力度加大、制造业持续低迷等等。

3. 股市本身机制存在问题，比方说发行制度、退市制度、重融资轻回报等。

首先我要说的是这些观点我并不是看不到，但如果大家不经历思考，而是盲目地去相信，也会觉得他们说得很有道理。

我想先举一些我们作为交易者看到的事实（很多经济学家并不做交易）。

1. 我们可以同时打开两台电脑，分别看股指期货的 1 分钟线或分时线和股指现货（指数）的 1 分钟线或分时线，会发现股指期货要明显更快，通常股指期货已经出现大幅拉升，指数才开始启动；股指期货出现大幅跳水，指数才跟随下跌。期指和现指之间会有 5 秒以上的时间延迟，这很容易通过对比观察到股指期货在带领股票指数。

2. 股票指数在股指期货推出之前，如果盘中出现井喷或者跳水，大都是由某些相同的股票概念或某个板块出现群体性大涨或大跌引起，而现在盘中出现的井喷或跳水，大都没有个股或板块的涨跌带领作用，即我们在大盘跳水的初期找领跌股，和在大盘大涨的初期找领涨股，你会发现一样都很难找到。因为目前的大盘，是股指期货在带领。

3. 以前大盘在盘口上一个快速的下跌通常不会跟随一个快速的上涨，这就好比高速行进的列车，没有办法突然掉头一样。而现在指数在盘口上完全没有那种以前平滑的规律性，股指期货怎么走，股票指数就怎么走。经常出现盘口本来涨得好好的，突然就掉头大幅下跌，在没有推出股指期货之前，这种情况在盘中是很少出现的。

4. 股指期货推出之后，市场最直接的表现力足以证明股指期货对于指数的带领作用，而且不是某个局部带领，不是某个时间段带领，而是全盘带领，带领程度能达到95%以上（中金所公开的数据是99%）。

上面说的每位经历股票和股指期货交易的人都应该有很深的印象吧，我研究盘口十多年了，并著有《盘口》一书，我对盘口的认识很深刻。我们且不说股指期货推出之后，股市就没怎么涨过，好像是没妈的孩子，只剩爹（跌）了。

因为我觉得这些证据还不足以证明股指期货是股市下跌的真正原因，但上面的4点，却能够很清晰地向大家证明一个很明显的事实。

就是股指期货在带领指数，股指期货比指数更快。

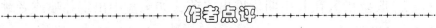

作者点评

我们要证明一个事，要有论点和论据，要有逻辑。大家都是希望中国的资本市场能够健康的发展，所以证明股指期货的初期制度考虑不周、有一定的缺陷是一件不容易的事。

我打算一点一点来，第一篇文章我只为证明一件事，股指期货带领股票现货，股指期货更快。

核心是，谁在带领谁。

2012 年 10 月 30 日

探寻股市下跌的真正原因（2）——绑架股指

为了证明我所说的股指期货在带领指数，期指比指数更快，我用一台电脑做了股指期货和股指现货（上证指数）的叠加，在同一时间观察这两个指数的变化情况，请不要怀疑我是事先做好的图，因为这就是今天上午的市场真实走势，就地取材，新鲜出炉。

你可以把它叫做悲催的 17 张图，因为这 17 张图像一把匕首一样，插在了股指期货不影响股票涨跌言论的心脏里。

股票指数已经完全没有了自己的方向，被股指期货彻彻底底地绑架了，这是我提出股指期货才是下跌主要原因的基础。

请记住这一天，2012 年 10 月 30 日上午，但它并不是唯一的，因为这样的情况，在现在的每一天里都在重复发生。

它就在这，在这真实的存在着。

各位专家、学者、管理层，它是那么的显而易见，你们真的看不见吗？

原配图（2012103001）

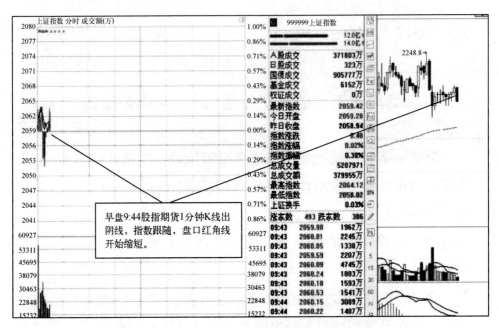

早盘9:44股指期货1分钟K线出阴线，指数跟随，盘口红角线开始缩短。

原配图（2012103002）

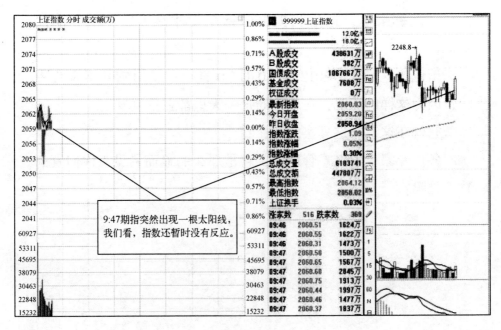

9:47期指突然出现一根太阳线，我们看，指数还暂时没有反应。

原配图（2012103003）

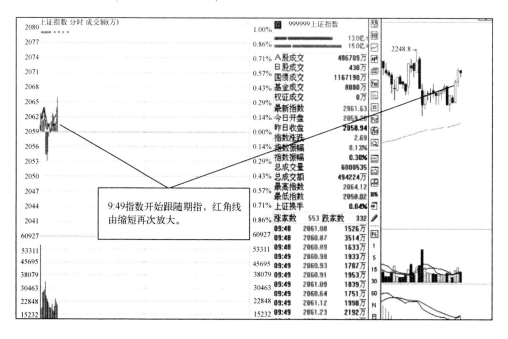

9:49指数开始跟随期指，红角线由缩短再次放大。

原配图（2012103004）

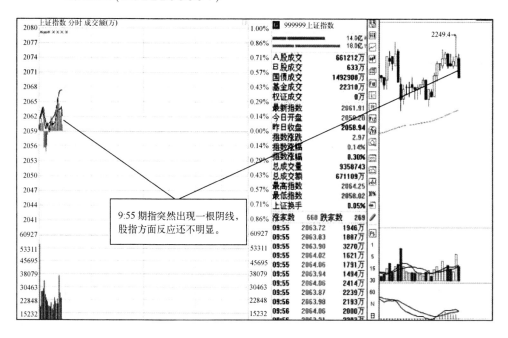

9:55 期指突然出现一根阴线，股指方面反应还不明显。

原配图（2012103005）

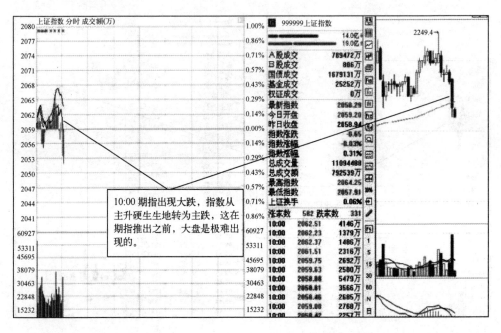

原配图（2012103006）

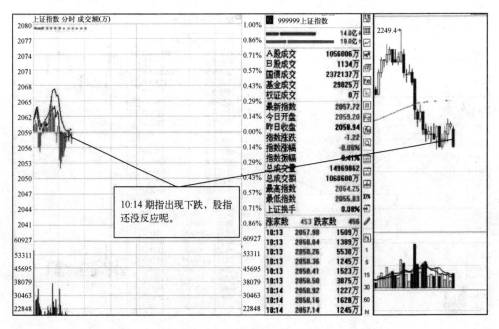

原配图（2012103007）

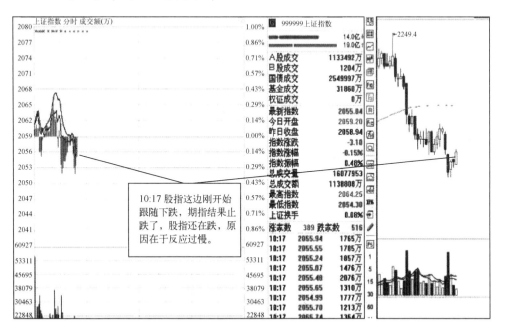

10:17 股指这边刚开始跟随下跌，期指结果止跌了，股指还在跌，原因在于反应过慢。

原配图（2012103008）

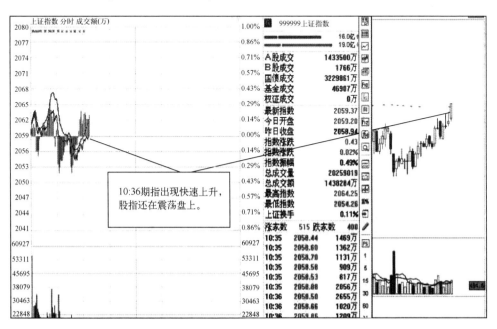

10:36期指出现快速上升，股指还在震荡盘上。

原配图（2012103009）

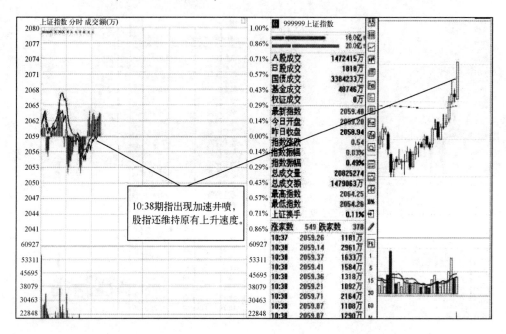

10:38期指出现加速井喷，股指还维持原有上升速度。

原配图（2012103010）

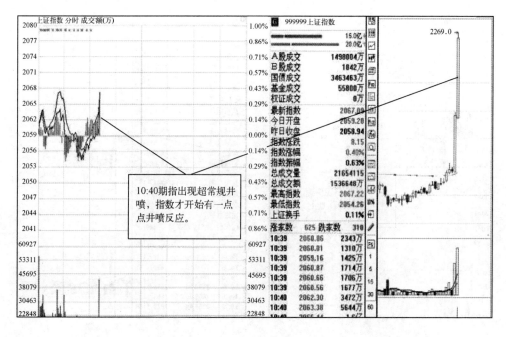

10:40期指出现超常规井喷，指数才开始有一点点井喷反应。

原配图(2012103011)

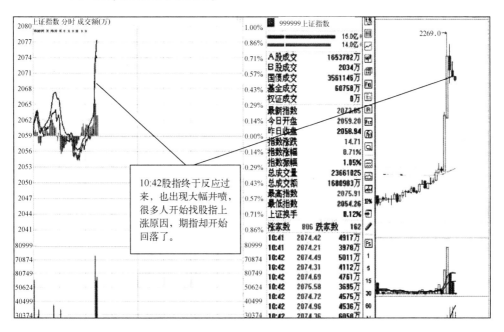

10:42股指终于反应过来，也出现大幅井喷，很多人开始找股指上涨原因，期指却开始回落了。

原配图(2012103012)

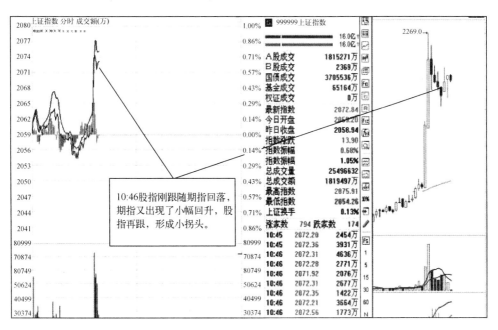

10:46股指刚跟随期指回落，期指又出现了小幅回升，股指再跟，形成小拐头。

原配图(2012103013)

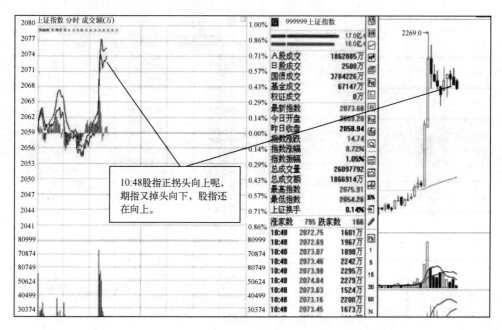

原配图(2012103014)

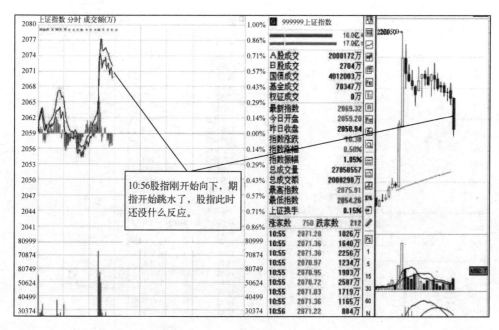

原配图（2012103015）

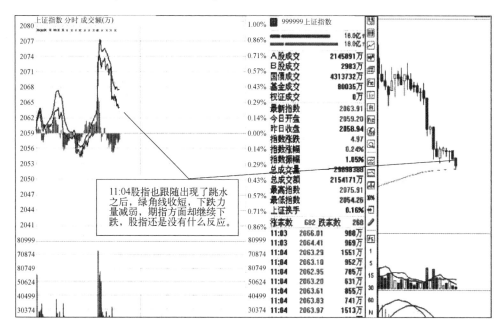

11:04股指也跟随出现了跳水之后，绿角线收短，下跌力量减弱，期指方面却继续下跌，股指还是没有什么反应。

原配图（2012103016）

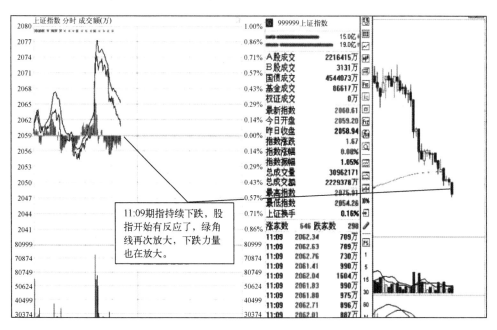

11:09期指持续下跌，股指开始有反应了，绿角线再次放大，下跌力量也在放大。

原配图(2012103017)

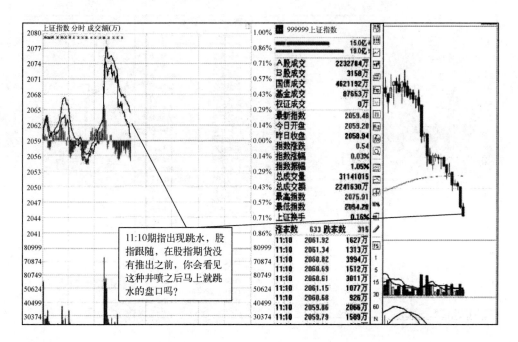

11:10期指出现跳水,股指跟随,在股指期货没有推出之前,你会看见这种井喷之后马上就跳水的盘口吗?

作者点评

　　这17张图当天制作,就地取材,以证明股指期货带领股票现货指数是个常态,并没有找一段时间进行断章取义。

　　只为证明一件事,股指期货有风向标的作用。

2012 年 10 月 31 日

探寻股市下跌的真正原因(3) ——显而易见

昨天发的 17 张图阐述了一个事实，股指期货在带领股票指数，并且这个事实大家可以自己去亲身感受一下，同时打开股票指数的分时盘口和股指期货的盘口(或 1 分钟线)，看看我说的是不是真实存在的。我常在博客里说，指数现在已经完全没有了自己的个性，完全跟随股指期货。我是通过长时间的实时盘中的精确对比观察得到的。

那么基于这个事实，股指期货在完全带领股票指数走，股市下跌的原因也就清楚了。经济学家的逻辑是：经济不好导致行业景气度降低，行业景气度降低导致板块及个股下跌，板块及个股下跌导致股票指数下跌，股票指数下跌导致股指期货下跌。

这些我们都能提出反对意见。

经济下跌导致股票下跌是必然的吗？我们国家的经济是在转弱，但仍比美国、欧洲等全世界主要经济体强太多了，股市却连续三年进入跌幅榜，就算不好，有这么不好吗？2001 年至 2005 年经济保持高增长，可仍旧跌了 4 年，其后大涨了 2 年，但经济在这期间没大的变化，所以用经济来解释股市这种现象没法解释。即便每个月或每个季度出经济数据的时候，股市虽有反应但也并不强烈。

重融资、轻回报导致股市下跌？这个是很多投资者认为是本轮下跌的主要原因，可是这个好像股市一直以来都是这样的，它一直存在，有时候行情也涨。新股发行虽猛于虎，但不是这波下跌的主要原因，这个我之前就说了，我们可以看以往暂停新股发行和这次（前些天停止了一段时间的新股审批）都没有阻止住股市的下跌。

所以，即便你认为这些经济学家说的听起来很有道理，可是你无法证明一个关键的点，就是它们之间跟股市下跌没有必然的联系，至少在证明的领域很抽象，不那么客观具体。

作为每天盯在盘口上的我，和一些真正的场内交易者们，我们都清楚的一件事：甭管场外有多少护盘的声音，甭管在技术上有多么强的反弹欲望，也甭管外围股市是否在持续上涨，甭管有什么利好刺激，甭管 QFII 是否来抄底，甭管什么 401K 计划的传言，甭管汇金公司是否又买四大行，甭管是否又降息还是又降了存款准备金率。

只要股指期货那边跌了，指数这边丫的准跟着跌。

而你提不出反对意见，因为它就那么真实、那么具体、那么显而易见。所有看清了这一点的人，就能够思考一个最简单的问题，我为什么在"底层"直接把市场主流思路给推翻，因为真相并不是经济导致的股市下跌，并不是股市导致的股指期货下跌。

那么真相是什么？真相是：**股指期货的下跌，带领了指数下跌，指数的下跌，带领了个股下跌。**

股市下跌的根本原因是什么？原因只有一个，股指期货在跌。其他的，都是浮云。

先证明股指期货带领股票指数，其实是股指期货涨跌影响了多空预期，多空的预期反应在个股的即时买卖上，然后形成股票指数现货朝着股指期货的方向变动，指数的变动继续影响和带领个股的多空预期。

📅 2012 年 11 月 2 日

探寻股市下跌的真正原因(4)——罪魁祸首

前几篇文章是在论述股市下跌的真正原因是股指期货，股指期货确实是在带领指数。而从现在开始的内容，要说的是另一个重要的部分：股指期货下跌的原因是什么呢？

股指期货的推出是历史性的，它的作用也是历史性的，这毋庸置疑。我从来没有否定过股指期货。

我把矛头直接指向了一个十分关键的细节政策：**机构(特殊法人，以后本系列文章里出现的机构通指特殊法人：券商、基金、信托、保险)交易股指期货被严格限制为套期保值**。

很多人也许都不知道什么是套期保值？

套期保值的定义：保值基本原则即是建立与现货头寸方向相反、额度相近、期限匹配的期货头寸，用期货头寸的盈亏抵消现货头寸的盈亏。

所以从套期保值的定义上来看，它应该是一种市场行为，而非是一种市场制度。

中金所把机构交易股指期货作为一种制度，严格定义为套期保值，那么它为什么会这样做呢？我思考过其原因和初衷肯定是好的，我认为有两点。

1. 机构交易股指期货其额度很大，对市场影响也大，为了避免机构过分炒作对于股指期货走势的影响，降低炒作的原动力。因为套期保值对于整体来讲是对冲风险的作用，于收益用处不大。

2. 培养机构交易股指期货的风险观念和正确理念，以避免它们因为不了解股指期货市场，盲目交易导致失败。

但是在实际运用中，并没有考虑我国股市目前现有的交易现状。

1. 没有考虑持仓情况。目前我们的股市，因为做空机制并不完善，导致现有的机构包括基金公司、证券公司、信托公司在股市持有股市仓位方面都是在做多。**这个是很长时间的事实，也算是历史遗留下来的，而且绝大多数仓位较重（现金部分较少，多头套保头寸远低于空头套保头寸的数量）。那么让这些机构严格执行套期保值，它们的套保就变成了几乎"清一色"的做空。我们在要求机构进行套保的时候，应该事先考虑到多空的平衡。目前现有的情况，在机构中的套保多空严重失衡。**

2. 交易承载量。如果套期保值的部分只占全部交易非常少的一部分，那么对于市场影响有限，但事实并非如此，中证期货一家期货公司其"净空头"就12000多张单。也就是说，我们的股指期货在交易承载量上还没有庞大到能够在市场层面消化掉机构因为套期保值所开的空单而不受影响。

这是我今天要说的第一个观点：机构交易股指期货被严格定义为套期保值，这个制度直接导致了一个市场结局：机构在股指期货的套期保值上，在事实上形成了清一色的空单，这么多的空单对股指期货市场有绝对的影响，直接导致股指期货下跌。

机构的套期保值制度是导致股指期货下跌吗？后面我将提供具体的判断依据。

+·+·+·+·+·+·+·+·+·+·+·+·+ 作者点评 +·+·+·+·+·+·+·+·+·+·+·+·+·+·+

我开始慢慢地揭开这面纱，先讲股指期货带领股票现货，但这不关键。

关键是为什么总向下带领。

+·+

 2012 年 11 月 5 日

探寻股市下跌的真正原因（5）——套保规则

在本篇文章里，我将给大家呈现证据，推出股指期货下跌原因的判断依据。

公开资料显示，截至 2012 年 3 月中旬，包括 52 家证券公司、14 家基金公司、1 家信托公司等在内的特殊法人机构参与股指期货市场，其中又以券商开户数量最多，52 家证券公司共开立证券自营账户 52 个、资产管理账户 95 个。

证券公司、基金公司、信托公司包括将来的保险公司，统称为特殊法人机构(普通公司为一般法人机构)，但市场的主体是特殊法人，即证券公司、基金公司、信托公司、保险公司占了所有机构的绝大部分。

特殊法人机构，在交易股指期货方面，被严格控制为套期保值，很多人可能都不知道其套期保值的细节。

(今天之前我提出的套保规则在细则方面解释有误，感谢券商内部朋友提供的一系列的专业建议。)

机构被严格规定为套期保值，在额度上是有不对称的，做多和做空的额度有很大的差异，比方说券商仓位 80% 的股票，可以申请 80% 的做空套保，只可以开 20% 的多头套保。这跟我之前说的产品规模的 10% 和市值的 20% 有区别，因为券商自营和基金有所不同，我以为套保规则是相通的。

当我问他为什么可以做 20% 的多头套保？为什么几乎清一色的做空头套保呢？他说，问题的关键不是额度限制，而是制度限制，即多头套保必须先买入股指期货，然后再进行股票买入、平股指期货的动作，也就是先用股指买入再逐渐换做股票买入，即多头套保。

所以额度虽然并不对称，但并不是套期保值机构全部只开空头不开多头的主要原因。而套保制度本身的规定使得多头套保没有买入股票更直接，这是多数机构并不采取多头套保的主要原因。

但不管什么原因，最终造成的结果他是认可的，目前特殊法人机构，套期保值都在做空，并且做空额度最高可以到市值的

100%。当我知道这点之后，感觉脊背发凉，也就是代表了目前根本没有到空方的全部额度，即鼎盛时期。

为了确保我的推断，我自己亲自打电话到好几家期货公司，结果我得到的结果是，在他们营业部的套保头寸里，特殊法人机构几乎无一在做多头套保。这么多机构，他们几乎全部都在做空。注意我的形容词是："几乎全部"。我多次希望中金所能公布机构在套期保值这个方面，到底有多少是做多的，多少是做空的。中金所没有回应，因为这个数字会非常、非常、非常的敏感。

那么中金所是怎么回应的呢？大家赶快去中金所的网站看它最上面的公告文章，为什么赶快，因为它刚好还在那，但我并不确定未来是否还在那。

这个公告说明什么问题？

+-+-+-+-+-+-+-+-+-+-+-+-+-+-+ 作者点评 +-+-+-+-+-+-+-+-+-+-+-+-+-+-+-+

我最开始提出机构都在做空，几乎清一色做空的观点，我采用的方法是抽样调查法，我抽样问了几家证券公司和期货公司的内部人士，基本得到了跟我判断一致的结论。抽样法虽然不够全面和准确，但依旧是比较科学的方法。

关键我没办法啊，中金所当时不肯披露数据给我，因为他们也知道这个数据，太不好看了。

+-+

2012 年 11 月 6 日

探寻股市下跌的真正原因(6)——中金所公告

在我提出股指期货的问题在于机构被严格定义为套期保值，而且套期保值细节严重倾向于空方，是股市下跌的罪魁祸首，之后中金所于 10 月 7 日发表了一个声明，欢迎更多机构参与股指期货，促进资本市场稳定健康发展，至今还在，地址如下：

http://www.cffex.com.cn/gyjys/jysdt/201210/t20121007_16743.html

当 10 月 8 日看到这个消息，我的第一感觉是有些气愤的，因为我看完了全文之后，我发现整篇文章大部分在做辩解，而对于机构套期保值(券商、基金、信托等特殊法人)到底多少在做空、多少在做多的"关键数据"上没有提及半分。数据最说明问题，中金所却不肯披露这个数据，我并不是媒体，记得上次我自己打电话到中金所，被告知：对不起，我们只服务会员，有相关(套期保值)疑问请问期货公司。

那么我希望媒体或记者朋友们，能够帮我也帮大家，向中金所问问机构套期保值交易具体有多少手在做多、多少手在做空，然后发在我博客首页的信箱里，我会十分感激。这并不过分，因为监管机构不就是要保障交易的公平，以及信息的公开、透明嘛。

在公告的最后，大肆批评"股指期货限制做空"是极度错误的，是人为的扭曲。可是我本人从没有要求股指期货限制做空，因为我强烈同意文章里所说的限制做空对市场是"人为的扭曲"。当时我较为气愤的是，中金所把这个结果放在了后面，就变成了或者说很多人误以为，我们提出的前面的关于股指期货交易制度的不合理，其目的在于我们希望中金所"能够限制做空"。

关键是我从没有过这样的想法，直到今天我都可以很负责任地告诉大家，限制做空绝对是错的，那是对交易公平的亵渎。

但当我静下心来，觉得这件事情也许是好事，我突然眼前一亮，说明中金所在注意市场的声音，并及时的做出了回复。对此，无论中金所回应的内容是什么、是否有争议，我们都应该表示欢迎，在此我要对中金所表示歉意，因为一开始我觉得中金所在避重就轻，10 月 8 日当天我就发文指责中金所，这有点草率，所以我今天要表示歉意。对与错，历史自会得出结论。

对于中金所的这个声明，我觉得部分地方还是存在争议的，至少几个关键地方的说法我并不认同，我提出几点，希望供中金所有关领导和相关人士思考。

我下面要去写的这个部分，是有难度的，以前我是在证明某件事情的成立，现在我要证明某些事情不成立，有时候"证伪"比"证实"要难。

+++++++++++++++++++++++++++ 作者点评 +++++++++++++++++++++++++++

我对中金所没有敌意，从开始到现在都没有，很多人都误会了。只不过当时很有意思，我一提出质疑，就会有反驳，但反驳的文章又漏洞百出，然后我又针对新的漏洞提出质疑，弄得我要跟中金所打架似的。

制度可能有漏洞，我当初只是想提个醒，思考一下是不是真的有问题。初期有制度问题，这也是正常的，但越是瞒着捂着不说，就越让我感觉不到事情有解决的希望。

+++

2012 年 11 月 7 日

探寻股市下跌的真正原因(7)——证伪

嗯，上篇文章里说了，证伪比证实更难，我却要证明中金所的公告里，很多地方是有争议的。

1. 原文：实际上，期货市场的运行机制与股票市场不同，有多少空头持仓，就有多少多头持仓，即有空必有多。

我的观点：这句话的本意是要解释说撮合交易本身是多空平衡的，有多少空头就有多少多头，多空数量相同，所以不能说机构做空导致了股指期货下跌。从总的来讲，多空的确是相同的，但我们不能只看到事情的表象，而是要看清事情的本质。

机构相互之间并不是多空平衡的，上面说了机构必须严格遵循套期保值，所以机构绝大多数在股指期货方面几乎是清一色的做空，这个做空的部分对应的主体是个人投资者为代表的多头。所以他们表面上看是平衡的，但问题的关键在于机构之间没有形成博弈，而是把市场的两个参与主体"机构和个人"，放在了对立面。

机构对个人？嗯，是的，没开玩笑，好比 1 个人做一万手，对应 1 万个人每人做 1 手，能平衡吗？强弱立现。

机构资金量大操作集中，个人力量小且更分散；机构多数只能做套保做空，就这一个方向；个人可选择多和空两个方向，他们的人数虽众多但并不稳定，因为数量分散常容易导致临阵倒戈，由多转空。

基于上述几点，如果机构之间不能形成博弈，而是机构和个人在博弈，这就不难理解为什么空方一直占优，股指期货一直在跌。多空力量相差太悬殊，空方同时也自信全国没有对手盘（套保机构都在做空，对应的投机做多被限制为 300 手）。

如果机构之间是相互形成博弈的，机构之间是平衡的，股指期货市场就是平衡的。而机构跟个人博弈，就会有明显的、方向性的、倾向机构方的走势。

2. 原文：随着股市持续调整，一些投资者建议，在股指期货市场"限制做空"，尤其是限制机构投资者做空，以减少对股市的影响。限制期货做空是对市场价格机制的人为扭曲。

我的观点：建议"限制做空"的投资者是完全错误的，专业人士不会这么建议，当然我也从未这样建议过，那太外行了。的确，我们不能人为限制做空，更不能更改交易股指期货的运行规则。而目前不合理的根源就是因为机构"事实上"被限制了做多，所以我建议的本身是让市场上无论机构还是个人，包括他们在内的所有参与群体："在一定额度的范围内，自由地选择做多还是做空"。不是限制做空，而是自由多空。

这叫做：平衡。

如果多空的选择是自由的，为什么如此低迷的市场里，机构几乎都在做空？这说明在选择本身方面机构并不"完全自由"。

套期保值是一种市场行为，不应是一种市场制度。不应要求只能套期保值。因为这个制度导致了机构绝大多数都在开空，如果没有机构套保制度，机构会几乎都选择做空吗？会发生现在的这种情况吗？

也许这个制度及其细节才是对股指期货市场最人为的扭曲。

3. 原文：即使是前述参与股指期货规模最大的 5 家主要机构，其持有的期货空头头寸始终未超过其股票市值的60%。总体看，机构投资者不是净空头，没有增加整体做空压力。

我的观点：这是个明显的错误，机构投资者本身在整体上不是净空头，因为股票的仓位多于股指期货的仓位，我们不能从股票和股指期货"两个市场"进行"整体看"，因为股票市场做多那是之前就有的，股指期货机构在做空可是新出现的情况。

两个市场整体平衡，可害了机构在股指期货市场严重失衡，导致股指期货市场下跌有了"原动力"。

4. 原文：根据机构需求和资金规模审批套保额度，允许机构申请多头或空头套保，不存在只许做空套保、限制做多套保的情况。

我的观点：制度的制定，需要考虑市场的实际情况，中金所为什么不愿意公开机构在套期保值的具体数值上，有多少是做空保值，有多少是做多保值，以及它们的比例关系呢？我们既然允许多头和空头双向套保，是否有考虑当下的机构持仓情况和交易习惯，如果我们找到了机构为什么在"允许"的情况下，却几乎清一色选择做空，就找到问题的根源了。

这一篇文章是在"证伪"，虽然有难度，但中金所在明，我在暗，多少是占了些便宜的。下一篇文章我将来"证实"，也欢迎中金所在内的专业人士来反驳我的观点。我会本着最真诚的学术交流的思想，虚心接受。

+-+-+-+-+-+-+-+-+-+-+-+-+-+ 作者点评 +-+-+-+-+-+-+-+-+-+-+-+-+-+

平衡这两个字在我的对市场认知的体系里起到了至关重要的作用。

1 个人做空 1 万手，和 1 万个人每人做多一手，时间长了能平衡么？这需要有很深的思考能力，这就是失衡。

套期保值是一种行为，是一种交易的行为，不应该是一种制度，但初期我们把他定义为了制度，机构交易股指期货必须进行套期保值交易。我这系列的文章之后大概一段时间，放开了，并不只限于套期保值。

当然还是失衡，只不过这种失衡的比例大幅缓解，这是后话了。

+-+

2012 年 11 月 8 日

探寻股市下跌的真正原因(8)——证实

上一篇文章，我在针对中金所的公告"证伪"，本篇文章，我将主要用来"证实"，即机构套保方向过于集中确实导致了股指期货的下跌。

一、机构交易股指期货可申请交易编码表

如图所示，看起来好像只有五种机构，做股指期货必须为套期保值，因为它们只能申请套期保值的交易编码，但我们把它们分析一下，大家就明白了它们的震撼力量。

①券商自营盘；②公募基金；③集合信托；④QFII；⑤社保。这5大机构，随便拿出一个来，都在金融市场里有着举足轻重的作用，更别说5大机构联合在一起的力量了。它们只能申请一个交易编码，这就是套期保值交易编码。也就是说主流机构被严格限制为套期保值是真实存在的。

原配图(2012110801)

机构类型	业务类别	投机	套保	套利
证券公司	证券自营		✓	
	证券资产管理大集合		✓	
	证券资产管理小集合	✓	✓	✓
	证券资产管理定向	✓	✓	✓
基金公司	公募资金		✓	
	专户	✓	✓	✓
信托公司	集合信托业务		✓	
	单一信托业务	✓	✓	✓
QFII			✓	
保险资管公司			✓	

二、套期保值交易现状

为了证明这一点，我问过多家券商和期货公司的朋友，在我问的这些家公司里，做套期保值的尚无一家在做多头套保，即市场流传的机构套保几乎"清一色"做空是真实存在的。当然中金所的声明也不是假的，即：并没有限制多头套保，套期保值的确是可以开两个方向，空头套保和多头套保。但在事实上，的确形成了套保都在做空的事实。

那为什么理论上可执行的双向套保变成了实际上的单向套保了呢？因为套期保值没有考虑到目前市场的交易现状。

1. 机构普遍持有股票的市值较大，所以空头套保额度，要远超多头的套保额度。拿资产规模一个亿来说，股票仓位80%，现金20%，空头保值最大可申请8000万，多头保值最大可申请2000万。多空套保额度相差甚远，由于额度严重不对等所以机构做多有顾虑，怕被当做对手盘（个人投资者为什么那么勇敢，因为之前很多人都不知道机构都在套保做空的这件事）。

2. 多头套保的原因是因为资金在套保期间没有到位，或全部资金买入股票的需要时间限制等，需要在股指期货先买进去，然后在股票上面逐渐买入，并平掉多头套保部分。可上述机构多数并不存在资金不到位，或股票方面买不进来的流动性问题，所以多头套保在实际操作中变得没有必要，直接加仓股票要比套保更符合交易习惯。而现在新的问题是，机构看空采取开空，看多却只是平空而不开多。

基于以上两点，导致机构在套保方向上形成了空前的一致，即选择空头套保。

三、套期保值做空规模

我们先从中金所披露的真实的数据分析。本图是中金所数据披露里分别是成交量、持有买单量、持有卖单量前 20 名的机构名称和对应数量，每个交易日都有更新，我取本月的第一个交易日，即 2012 年 11 月 1 日。

原配图(2012110802)

合约：IF1211								交易日期：20121101			
成交量排名				持有买单量排名				持有卖单量排名			
名次	会员简称	成交量	比上交易日增减	名次	会员简称	持买单量	比上交易日增减	名次	会员简称	持卖单量	比上交易日增减
1	0102-兴业期货	103750	25605	1	0001-国泰君安	6975	-502	1	0018-中证期货	14364	755
2	0016-广发期货	95698	27948	2	0016-广发期货	4253	237	2	0001-国泰君安	7855	221
3	0011-华泰长城	94236	14461	3	0109-银河期货	4166	217	3	0133-海通期货	7058	340
4	0133-海通期货	80487	12539	4	0011-华泰长城	3512	38	4	0011-华泰长城	2855	234
5	0001-国泰君安	75239	15332	5	0133-海通期货	2611	-59	5	0007-光大期货	2469	-663
6	0007-光大期货	56874	11551	6	0007-光大期货	2514	177	6	0016-广发期货	2351	213
7	0131-申银万国	53167	10019	7	0018-中证期货	2392	-129	7	0131-申银万国	2216	734
8	0006-鲁证期货	40277	5251	8	0131-申银万国	2332	-355	8	0156-上海东证	1927	328
9	0197-海华期货	39547	8197	9	0003-浙江永安	2202	31	9	0003-浙江永安	1818	136
10	0109-银河期货	38586	11479	10	0002-南华期货	1995	-234	10	0010-中粮期货	1645	-318
11	0018-中证期货	35022	3796	11	0006-鲁证期货	1762	-101	11	0113-国信期货	1633	66
12	0009-浙商期货	28259	5863	12	0168-中投天琪	1758	279	12	0136-招商期货	1593	19
13	0168-中投天琪	24222	22	13	0009-浙商期货	1681	-427	13	0115-中信建投	1586	44
14	0156-上海东证	21997	-2653	14	0136-招商期货	1662	-131	14	0002-南华期货	1572	-455
15	0126-渤海期货	21652	369	15	0156-上海东证	1553	-167	15	0019-金瑞期货	1397	186
16	0003-浙江永安	21150	4707	16	0159-中国国际	1546	829	16	0109-银河期货	1381	127
17	0113-国信期货	17137	3030	17	0008-东海期货	1243	405	17	0003-浙江永安	906	208
18	0136-招商期货	16348	1150	18	0150-安信期货	1231	-80	18	0102-兴业期货	900	-228
19	0170-瑞达期货	16303	1317	19	0170-瑞达期货	1231	102	19	0152-新湖期货	860	96
20	0008-东海期货	14337	1484	20	0017-信达期货	1106	-221	20	0168-中投天琪	833	-297
合计		894405	161467			47725	-91			57221	1728

图中所示中证期货持有空单为 14364 手，而该期货公司同时段持有多单只有 2392 手，即这家期货公司净空头为近 12000 手，中证期货是中信证券的子公司，抽出来的结论已经非常清晰了，几乎全是母公司(中信证券)的套保单(肥水不流外人田)。

而在 2011 年，公开的机构交易股指期货盈利已经披露的数据我整理了一些，其中中信证券交易股指期货套保盈利为 20.43 亿，经计算，期指当月连续 2011 年下跌点位为 800 点（3157－2357），做一手空套保盈利为 800×300＝240000，2043000000 除以 240000＝8512 手，即 2011 年平均净做空 8500 手左右，考虑到升水月数较多，月下跌点数可能会大于当月连续，所以我认为这个数应该在 8300 手左右。

那么有人可能会说，中证期货在 2011 年并没有这么大的套保单，有时候你不能只看上面的数据，因为这个数据是持仓数据。而目前股指期货每天成交量是持仓量的 800% 左右，即有大量的空单隐藏在日间交易当中并不隔夜，也就是说机构方面实际空单要比数据上的空单还要多很多。

目前来看，各家机构均在大幅加仓。2010 年中信证券股指期货盈利不到 3 个亿，2011 年盈利 20 个亿，今年在上面的持仓数据上有大幅（超过 60%）增加。海通证券 2011 年实现衍生品金融工具投资收益 9.42 亿元，是上一年同期的 40 倍。广发、招商等套期保值也逐年都在大幅增加。这三年是连续三年下跌，连续三年股市全球倒数里"名列前茅"，机构套期保值也是连续三年大幅增仓，越跌做空越勇！

四、恶性循环

是什么让它们拼了老命做空股指期货？因为利益。中信证券一家就在股指期货上盈利 20 个亿，空军司令里还有国泰君安，它的空单绝不比中信少，加上海通盈利 9 个亿，三家证券公司在股指期货盈利就接近 50 个亿，那么推断全部机构做空进行套期保值总的盈利超 100 个亿不过分吧。

这 100 亿的钱从哪来？中金所又不印钱，钱自然来自它们的对手盘，**因为机构套保都在做空，所以对手盘不是套保的机构，那么是谁呢？广大以投机为主的个人投资者**。前面说了，机构对个人根本不能形成平衡，中金所肯定有这个数据：个人交易股指期货 2011 年一共盈亏多少，人均盈亏多少。

第一口吃螃蟹的人（中信证券）带领没吃的、吃少的、吃晚的。机构们开始明白了：①**做套保，不见得盈利（因为不能超过股票市值），可是不做套保，却亏得更多**；②**只要机构的套保还是一致为空头套保，做空全国没有对手，不管多低，都放心大胆的空。越跌机构越不得不去做空套保，做空套保的人越多，股指期货越跌，股市越跌**。

进入了恶性循环。

─────────── 作者点评 ───────────

我的很多推论是有数据佐证的。

我提到了两个细节，首先机构如果都在做空，清一色做空，它的对手盘就只能是个人，这个不用深思都会知道谁强谁弱。其次几家大的机构制定游戏规则，然后游戏规则导致中小券商被动跟随，而且跟随的速度还要快，大树底下好乘凉。

后来，2013 年市场出现卖出大盘股买小盘股，2017 年市场出现卖小盘股买大盘股，我都感受到了超级主力制造游戏规则，积极的主力紧跟游戏规则，保守的主力被动跟随游戏规则，笨蛋的主力逆游戏规则。

跋

　　这套书记录了从 2007 年到 2017 年十年里我对市场理解的点点滴滴，也见证了中国股市十年里的跌宕起伏，有些事至今仍记忆犹新。

　　在这十年里，我十分清楚地知道自己在坚持着什么，我并不知道这种坚持是否会影响或改变一些人。但当我走过这十年，整理和回忆起这十年的历程，我很高兴经过了十年时间的变化，现在坚持的和我当初坚持的依旧是相同的。不同的是经过十年时间的沉淀，现在的我更成熟、更稳重一些。

　　我始终保持了深入思考的能力，有一些虽然当时无法理解的事情，现在我能理解了。也有一些现在无法理解的事情，也许再过一个十年或者更远我会理解。用时间记录这些我对这个世界的理解，以及思考它们和交易之间的关系，希望能够帮助到一些在这个领域探索的朋友们。